张勇传

陈艳芳◎著　　陈润◎主编

团结出版社

图书在版编目（CIP）数据

张勇传 / 陈艳芳著 . -- 北京 : 团结出版社 ,2021.8

ISBN 978-7-5126-9066-0

Ⅰ . ①张… Ⅱ . ①陈… Ⅲ . ①张勇 — 自传 Ⅳ .

① K825.38

中国版本图书馆 CIP 数据核字 (2021) 第 144507 号

张勇传

陈艳芳　著

出　　　版：团结出版社

　　　　　　（北京市东城区东皇城根南街84号　　邮编：100006）

责任编辑：郑　纪

电　　话：（010）65228880

发　　行：（010）51393396

网　　址：http://www.tjpress.com

E－mail：65244790@163.com

经　　销：全国新华书店

印　　刷：三河市华东印刷有限公司

开　　本：880×1230　1/32

印　　张：6

字　　数：150千字

版　　次：2021年8月第1版

印　　次：2021年8月第1次印刷

书　　号：978-7-5126-9066-0

定　　价：59.00元

为标杆立传：重塑企业家精神，推动中国商业进步

在我们一生中，总会遇到那么一个人，用自己的智慧之光、精神之光，照亮我们人生的道路。

我从事企业传记写作、出版已有 10 多年，在访谈企业家、创业者的时候，我通常会问两个问题：谁对你影响最大？哪本书令你受益匪浅？答案往往是某位标杆企业家及其传记作品。可以说，很多企业家都曾深受成功前辈企业家传记的影响，他们以偶像为标杆，完成自我认知、自我突破、自我进化，在对标中寻找坐标，在蜕变中加速成长。

人们常说，选择比努力更重要，而选择正确与否取决于认知。决定人生命运的关键选择就那么几次，大多数人不具备做出关键抉择的正确认知，然后要花很多年为当初的错误决定买单。对于创业者、管理者来说，阅读成功企业家传记是形成方法论、构建学习力、完成认知跃迁的最佳捷径，越早越好。

无论个人还是企业，不同的个体、组织有不同的基因和命运。对于个人来说，要有思想、灵魂，才能活得明白，取得成功。对于企业而言，要有愿景、使命、价值观，才能做大做强，基业长青。世间万物，皆有"灵魂"。每个企业出生时都有"灵魂"，但发展壮大以后就容

易被忽视。企业的灵魂人物是创始人，他给企业创造的最大财富是企业家精神；管理的核心是管理愿景、使命、价值观，我们通常概括为企业文化。有远见的企业家重视"灵魂"，其中效率最高、成本最低的方式是写作企业家传记和企业史，前者重塑企业家精神，后者提炼企业文化，以此找到企业复兴之路。

"立德、立功、立言"，这是儒家追求，也是人生大道。在过去10年间，我所创办的润商文化秉承"以史明道，以道润商"的使命，汇聚一大批专家学者、财经作家、媒体精英，专注于企业传记定制出版和传播服务，为标杆企业立传。我们为华润、招商局金融、戴尔中国、用友、卓尔、光威等数十家著名企业提供知识服务，策划出版过全球商业史系列、世界财富家族系列、中国著名企业家传记系列等近百部具有影响力的作品，还将部分优秀作品版权输出海外，堪称最了解中国本土企业实践和理论模型的知识服务机构之一。

正是出于重塑企业家精神、构建商业文明的专业研究精神和时代使命感、责任感，当我提出策划出版"中国著名企业家传记"丛书的倡议之后，得到团结出版社的大力支持。2019年初，我们启动"中国著名企业家传记"丛书的学术研究和出版工程。

为了高标准、高品质打造精品，我们聚集业内知名财经作家组建研究团队，进行专题研究和创作，陆续出版了李嘉诚、任正非、马云、雷军、董明珠、彭蕾等企业家传记作品，面世后深受读者欢迎，一版再版。2020年，我们继续完成了王兴、周鸿祎、曹德旺、段永平等企业家传记作品，未来，还会聚焦更多的优秀企业及企业家，为企业家立言，为企业立命，为中国商业立标杆。

一直以来，我们致力于为有思想的企业提升价值，为有价值的企业传播思想。作为中国商业观察者、记录者、传播者，我们将聚焦于更多标杆企业、行业龙头、区域领导品牌、高成长型创新公司等有价值的企业，将"中国著名企业家传记"丛书不断完善，重塑企业家精神，传播企业品牌价值，推动中国商业进步。

通过"中国著名企业家传记"丛书的调查研究和出版工程，我们意在为更多企业家、创业者提供前行的智慧和力量，为读者在喧嚣浮华的时代打开一扇希望之窗：

在这个美好时代，每个人都可以通过奋斗和努力，成为想成为的那个自己。

"中国著名企业家传记"丛书主编

2021 年 7 月 12 日

相信相信的力量

2020 年初，疫情期间，海底捞很多员工困在店里无法与家人团聚，还有一部分员工被居家隔离。为了鼓舞士气，张勇录制了一个特别的做饭视频。

众所周知，张勇为人低调，极少出现在公众视野，录视频对他而言，绝对算得上是件新鲜事。视频里的张勇衣着朴素，一边熟练地切菜做饭，一边对员工说："大家好，我是张大哥……我从昨天想到今天，唯一能够教你们的就是做西红柿鸡蛋面，因为我小时候最爱吃西红柿鸡蛋面，希望这碗面能够把你们的孤独和担心带走，能够让你们变得更加开心、乐观、自信。"不小心油放多了，他赶紧补充道："好菜不怕放油多，手艺不够油来凑。"

"张大哥"是海底捞员工对张勇的称呼，在海底捞他永远是定海神针，带领海底捞从一个只有 4 张桌子的小店，成长为市值 3000 多亿港元的火锅王国，如今海底捞已成为餐饮业炙手可热的标杆企业。

强烈的使命感

和张勇接触多的人都能体会到，他身上有很强烈的事业心和使命感。我们都知道拥有强烈使命感的人，大都不甘于一辈子的碌碌无为。20 世纪 90 年代张勇放弃稳定的生活，选择在未知的领域披荆斩棘。

1992 年邓小平视察南方并发表"南方谈话"后，中国餐饮业便迎来了发展的"黄金时代"。两年后，经历几次创业失败的张勇将目光锁定餐饮业，与女友舒萍、好友施永宏、李海燕凑了8000元人民币，开了家只有4张桌子的小店，取名海底捞。

等到海底捞在简阳小有名气后，张勇便将走出简阳的计划提上了日程，以谋求新的发展。1999年海底捞落地西安，却因为"水土不服"持续亏损。面对创业中的种种困难和挫折，张勇选择迎难而上。

如今经历26年风雨，一次次置之死地而后生，海底捞已经成功上市，成为餐饮巨头。期间很多和海底捞一起成长的企业相继倒在了成为"伟大"的道路之中。2020年8月，和海底捞同样始于四川的谭鱼头关闭了在大本营成都的最后一家店。这家曾经员工上万、资产近百亿、门店遍布大江南北，"当年比海底捞更牛"的连锁火锅企业，正式结束了自己的时代，彻底从餐饮行业中消失。

还有很多曾经家喻户晓的名字，随着时间的流逝渐渐淡出历史。究其衰败的原因，大多都与创始人有关。回过头来看海底捞的发展轨迹，你会发现在海底捞成长的每一次关键节点，背后都有张勇的力挽狂澜。从最初说服其他合伙人扩大规模，到首次走出简阳，西安店持续亏损的情况下，力排众议让合伙人撤资，将管理权下放，后来又给管理层授权。每一次看似冒险，最终却都推动了海底捞的发展。所以海底捞如今的成绩与创始人身上强烈的事业心和使命感不无关系。

核心竞争力

说来也巧，在写这篇文章的时候，我翻开朋友圈，连刷到三个朋友过生日的视频。上海、北京、湖南衡阳，三个不同的城市，无一例外都选择在海底捞过生日。视频里喧闹的氛围中服务员举着祝福卡，唱着那首熟悉的《生日祝福歌》——对所有的烦恼说 Bye bye，对所有的快乐说 Hi hi。夹杂着相机的咔嚓声，空气里充满了快乐。

对于海底捞的服务我们早已见惯不怪。但在生日这种特殊的时刻，顾客依旧会被它一如既往的热情感染。很多在海底捞过生日的寿星说："会有一些尴尬，但更多是感动，被陌生人用心对待的感动。"

最初海底捞便是凭借极致的服务在简阳小有名气，直到如今海底捞的服务依旧被顾客津津乐道。

2020年底，网上流传着一张有关海底捞点餐的照片，上面详细备注了顾客的信息：20~30岁，圆脸，黄皮肤，长发，瘦，中等，大学生。除了外貌信息，还有顾客的饮食喜好和个性化需求：顾客喜好菜品前五名分别是土豆、招牌虾滑、捞派肥牛、藕片，捞派捞面。顾客吃火锅时不需要帮忙放虾滑，番茄汤自己弄，免特色蘸汁，白水。即便如今我们对各种特色服务并不陌生，但看到这般细致的服务记录，还是会有些震撼。

其实早在20世纪90年代，整个火锅行业还没意识到服务的重要性的时候，张勇就已经明白了做火锅的秘诀是服务。为了留住客人，张勇帮顾客带孩子、拎包、擦鞋。不管顾客有什么需求，他都会一一满足。

外界误以为服务是海底捞的核心竞争力，很多企业派商业卧底去海底捞学习，最后却发现海底捞的服务是无法复制的。因为服务的本质是让顾客感受到真诚和用心，而实现这些核心服务的前提却是人。张勇从一开始就意识到海底捞的员工才是海底捞最核心的竞争力。

这也是海底捞员工薪资待遇水平远高于餐饮业平均水平的最大原因，而且海底捞的企业文化会让很多员工离职后还愿意再次回到海底捞。海底捞还未走出简阳的时候，就在简阳民营餐饮业中创下了几个"第一"：第一个给服务员定制工作服；第一个给员工发工龄工资；第一个根据员工表现、工作业绩评定工资（这是当下公司完善的工资制度雏形）；第一个给员工安排带薪休假。

后来张勇提出"把员工当家人"，通过亲情化的管理给身在异地他乡的员工营造家的氛围，也是基于员工才是核心竞争力提出的。

张勇告诉员工，只要你好好干，我一定会提拔你。只要表现突出，就有机会从服务员、小客户经理、大堂经理、一直做到店长。海底捞也因此培养了一批极具忠诚度的员工，正是这些员工的存在才夯实了海底捞稳步发展的最核心的竞争力基石。

人格魅力

张勇说海底捞的底层逻辑是：勤奋、诚实、正直和善良。这也是经历过贫困的张勇身上最突出的特点，也是大众对海底捞或者说海底捞员工的整体印象。

海底捞创立这么多年，张勇身上质朴、真诚的特质已经和海底捞的企业文化融为了一体。张勇骨子里有"轻信"的基因，这让他在年轻时吃了一些亏，但最终却形成了海底捞独特的管理方式。随着岁月的沉淀，当他的能力和智慧超过很多人的时候，当他更能洞察人性的时候，这种"轻信"便不再是盲目信任了，而是一种主动的选择。他选择信任海底捞的员工，员工再把这份信任化作工作热情，为海底捞的发展赋能。

方法容易学到，性格却难以改变。海底捞模式之所以无法全盘复制，很大一部分原因便在创始人张勇身上。这种源自生命底层的特质会很自然地渗透到他的管理中，最终形成独具特色的"海底捞模式"。

海底捞成立二十多年，张勇早已将"双手改变命运"的人生价值观渗透到海底捞的发展中，带领着海底捞走出了一条差异化的道路，成为中国餐饮业的一面旗帜、服务行业的标杆企业。

从技校毕业的打工人到跻身胡润百富榜，张勇到底是如何通过双手改变命运、实现草根逆袭的？张勇的经历能够给后来的创业者哪些启示？海底捞让"地球人都拒绝不了"的服务背后的逻辑到底是什么？"新人类"——"00后"进入职场后，海底捞"双手改变命运"的价值观是否依旧适用？本书通过张勇的成长和海底捞的发展，探寻海底捞掌舵人张勇背后的故事，揭秘海底捞成功的底层逻辑。

目　录

第四章 用兵之道，攻心为上

第五章 信任创造奇迹

第六章 双手改变命运

第七章 上下同欲，利益一致

附录

第一章

莫欺少年穷　寒苦犹存凌云志

　　苦难往往孕育着伟大。让张勇感到幸运的是，贫穷的经历并没有让他变得自卑。相反，这经历在他身上磨砺出了一种与生长环境极不相符的自信。这种自信有一部分源于阅读，他很早就从阅读中拥有了超越同龄人的视野和眼界。即便物质生活贫乏，但他的内心世界却从未贫瘠过。

悲惨的童年见闻

1971 年，三位未来在中国商业界搅动风云的资本巨鳄出生了——海底捞张勇、腾讯马化腾和网易丁磊。有人说"大人物决定了历史走向，小人物体现了历史真实"。当时，人们面对着这三位"小人物"——张勇、马化腾、丁磊，谁也不会想到，在半个世纪后他们都将以千亿级身价，分别在餐饮和互联网领域掀起惊涛骇浪。

张勇出生在距离成都市区约 50 公里的简阳。简阳位于四川盆地西部、龙泉山东麓、沱江中游，北倚龙泉驿区、金堂县，西连双流区、眉山市仁寿县，东南邻资阳市雁江区、乐至县，自古便有"蜀都东大门"之称。

现如今的简阳，人民生活富足，还曾在 2018 年入选"年度全国投资潜力百强县市"。但在改革开放之前，简阳却是四川省农业人口最多的一个县，是典型的经济结构落后的农业区。

出生在简阳的张勇有着和马化腾、丁磊截然不同的童年。马化腾的父母是港务局正式职员，丁磊出生在高级知识分子家庭，他们一出生就享有优质的教育资源。

反观张勇，父亲是简阳农机厂的厨师，母亲是小学教师，俩人的收入勉强维持一家人的生活。张勇的出生带给父母的一丝喜悦，很快便被日渐加重的生活负担消磨殆尽。随着两个弟弟的到来，张勇还没来得及享受童年，就同父母一起承担起了照顾弟弟们的责任。

童年时期的张勇正赶上中国物资匮乏时期。他有关童年的记忆，大多和贫穷有关。他和两个弟弟，加上父母和奶奶，一家六口人和其他几户人家一起挤在大杂院里。在这个嘈杂拥挤的环境里，张勇亲历了普通劳动者的生活艰辛，因为贫穷，有人看不起病，有人吃不饱饭。即使作为大杂院里条件相对好一些的家庭，下酒菜通常也就只有几粒花生米，还要掰成好几瓣分着吃。但在那时，只要还能喝得起酒、吃得上花生米，就已经足够让人羡慕了。

张勇小时候的玩伴里，有个年龄比较小的孩子，因为生病打针影响到了大脑，看起来有点儿呆傻，周围的人都管他叫"傻子"。这个男孩家很困难，男孩的父亲以打工为名去了外地，自此便杳无音讯，周围的人都猜测他是想抛弃娘俩。家里的顶梁柱走了之后，男孩和母亲经常吃了上顿没下顿。起初男孩的母亲还有一个谋生的营生，靠机械厂微薄的工资支撑生活。可后来男孩的母亲也下岗了，俩人的经济来源彻底断了。张勇目睹了男孩家的苦难，很想帮帮他，却心有余力不足。男孩的母亲找不到工作，便在机械厂门口摆小摊。后来赶上机械厂改制，负责人不让她在厂门口摆摊。

贫穷把娘俩逼上了绝路。走投无路的母亲把男孩带到了一座山上，她买了一包方便面，男孩已经好几天没吃饭了，看到有方便面便狼吞虎咽地吃了起来。但他不知道的是，方便面上被母亲涂了老鼠药，因为只有买一包方便面的钱，母亲自己舍不得吃多少，把大部分方便面留给了男孩，自己只吃了几口剩下的碎末，娘俩就这么带着绝望离开了人世。

男孩"走"的那天很高兴，因为他到处跟人说，母亲要给他买方便面吃。一个绝望的母亲，因为无法给孩子生的希望，便亲手剥夺了他生存的权利。这件事对张勇的冲击非常大，因为贫穷，很多人无法主宰自己的命运。目睹身边的人因为贫穷失去生命，摆脱贫穷、改变命运，阻断贫穷的代际传递，很早便成了张勇创业的原始动力。

后来张勇多次创业，都是为了脱离贫穷。张勇说：

"我当初创业，就是对美好生活的向往。我想过上好日子，想要结婚的时候有一套房子。"

"那个时候也不知道什么叫创业，就知道当个个体户挣点儿钱，真没想过做生意赚这么多钱。当时上班几十、一百元钱一个月就觉得很开心了，结果后来才发现你摆个麻辣烫摊，一晚上可以赚两百，这种差别实在是太大了，房子很快就买上了。"

但在这样的境况下，张勇却发现自己陷入了一个怪圈——自己买上房子了，但是身边的人还买不上。为了让身边的人也能买得起房子，过上好日子，张勇便创建了海底捞平台。但张勇发现他还不能让所有人都买上房，他也只能退而求其次，尽量让海底捞的员工能够达到他最初的愿景——脱离贫穷，靠自己的双手过上好日子。

"双手改变命运" 是张勇和海底捞的共同目标。张勇在不同场合多次强调过，"海底捞的价值观是双手改变命运，使命是双手改变命运，愿景还是双手改变命运"。

爱读书的少年

苦难往往孕育着伟大。让张勇感到幸运的是，贫穷的经历并没有让他变得自卑。相反，这经历在他身上磨砺出了一种与生长环境极不相符的自信。这种自信有一部分源于阅读，他很早就从阅读中拥有了超越同龄人的视野和眼界。即便物质生活贫乏，但他的内心世界却从未贫瘠过。

张勇的母亲是小学教师，由于这个原因，他很早就接触了阅读，母亲还为他订阅了《少年报》等儿童读物，张勇就成了大杂院里唯一一个拥有课外书籍的小孩。

这件小事对张勇后来的人生产生了很重要的影响。阅读带给他的快乐，弥补了物质上的匮乏，也让张勇避免了一段尴尬的经历。男孩子一般到十四五岁就会进入变声期，而张勇变声期延续的时间比大多数人都长。所以在很长一段时间里，他说话的声音又尖又细。

十四五岁的男生大都渴望周遭同龄人的关注，希望在同龄人面前呈现最好的状态，张勇也不例外。但张勇因为声音变不过来，不敢跟女同学交流，他害怕一说话就会被人嘲笑。在张勇为数不多提到成长的采访中，他自己描述过那段经历：

> 男孩子变声期，我变不过来，这事很重要，可以说奠定了我思想的基础。你嗓子说不出来，别人就会笑你。一笑你就会自卑、

紧张，根本不敢去跟女孩子交往，到现在我还不会跳舞，那个时候流行歌曲已经进来了，我也没办法学。

最后还是阅读化解了这段时期的尴尬。处在变声期的张勇找到了一个秘密基地，在那里他可以完全抛开烦恼，自由呼吸。每个少年在成长中都会有一个属于自己的秘密基地。就像电影《树上有个好地方》中那样，主人公巴王超过的秘密基地是一棵大树，每当遇到烦恼时他就会躲在树上，在那里，他可以看学校禁止的课外书，抛开一切烦恼做自己喜欢的事。直到有天大树被砍了，他也长大了。

张勇的秘密基地是县图书馆。改革开放以前，人们的思想还非常保守，图书馆的藏书也大多是一些"伟光正"的书籍。20世纪80年代，国内图书馆建设进入了一个快速发展时期，诗歌类、史学类的书籍开始大量涌进图书馆。

县图书馆成了张勇的第二个"家"，变声期的尴尬在这里得到了缓冲。通过大量阅读，他早早地接受了新思想的洗礼。20世纪80年代，受改革开放的社会大环境影响，报纸上经常刊登的自由主义思想浪潮文章成了张勇每天的必修课。他被卢梭的《社会契约论》中宣扬的平等、自由的观念所打动，内心深处相信：人人生而平等，不平等的可以通过努力去追求平等。

当大院的孩子们忙着玩游戏，每天期待村口的卖货郎又会带来什么新鲜玩意儿时，泡在图书馆里的张勇已经对尼采、孟德斯鸠、泰戈尔等西方哲学家的书籍如数家珍，甚至还看完了《仲夏夜之梦》《亨利四世》这样的文学性书籍。

爱思考、爱琢磨，再加上大量阅读的缘故，张勇比同龄人显得更成熟、更有想法。他经常一个人躲在屋子里听收音机，在20世纪80年代的中国，尚属高科技的收音机成了张勇了解时事的重要途径。

因为博览群书，又关心时事，张勇很快就收获了一个忘年交——和张勇在同一个大院里的国营招待所经理。经理比张勇大了整整二十多岁，他见多识广，喜欢读书看报、关心时事，是大杂院里最有地位的人。但经理有个特点，每次喝酒的时候都喜欢找人聊天，他谈论的话题一般人听不懂，张勇自然成了大院里唯一一个和经理聊得来的人。

他们坐在简陋的板凳上，张勇看着经理用掰碎的花生米下酒，听他天南海北地聊事情，有时经理还会跟张勇分享他在外面见到的新鲜事物。这些事情，让张勇对简阳外的世界产生了强烈的好奇，他心里有个想法愈发强烈：一定要走出简阳，去看看外面的世界。

那时候的张勇就开始和经理讨论民族性、人性的问题，也讨论贫困问题和社会公平的问题。懵懵懂懂中，公平公正的价值观已经在他心里生了根。

年龄相差二十多岁的两个人，交流起来毫无障碍。"高山流水遇知音"，很自然地，经理也对这个比他小很多的年轻人刮目相看。他常跟人说起："这孩子将来一定有出息。"而张勇那时候也在心里认同了经理的话，他后来在采访中说："那时候觉得自己将来应该能做一些大事情，很成功。"

等张勇长大一些后，经理对张勇说："以后我出差，带你出去开开眼界。"

张勇后来接受采访时说："什么教育给你什么思维，如果你接受的教育是传统的那种，你对打工者的看法就是传统的，这个跟管理没有关系。为什么我能做到员工有什么事情我都很真诚地去管，这跟思想、价值观有关系，也就是跟十四五岁时的那一段经历有关系。"

从张勇的人生历程来看，这段特别的成长经历为张勇打开了认识世界的窗口。这对他价值观的形成，包括后来创立海底捞，致力于创造公平公正的平台，提出"双手改变命运"的企业理念，产生了至关重要的影响。

"不安分"的基因

20 世纪 80 年代初，还在简阳城关镇第二中学读书的张勇，就已经为自己树立了人生目标。中学毕业后，为了早点儿赚钱，张勇便果断放弃了读高中、上大学的机会，去了简阳技校学习技术。

1988 年，张勇 17 岁，从技校毕业后进了四川拖拉机厂工作。而在一年后几千公里外，与他同一年出生的马化腾却以 739 分的优异成绩考入深圳大学，丁磊也在同一年考入电子科技大学。当马化腾、丁磊如愿进入高校，自由追梦的时候。张勇早早便担起了赚钱养家的责任。

张勇自始至终不是一个安于现状的人，拖拉机厂的工作没有太多的技术含量，无论工作多少年都是在重复第一年学会的技术。虽然稳定、有规律，却枯燥无味。这不是张勇想要的生活，这种工作让他的一腔热血无处挥洒。

拖拉机厂的"铁饭碗"对张勇没有吸引力，想要"干一番大事"的想法日渐强烈。他一边存钱，一边利用节假日访遍祖国的大江南北，考察市场，寻找商机，为他的创业梦想积蓄着力量。

其实，在张勇所生活的大杂院里，当时就已经出现了"富人"——詹婆婆。詹婆婆家是做熏鹅生意的，靠着这门熏鹅手艺，加上詹婆婆一家的勤劳努力，20 世纪 90 年代张勇每个月还在领着 100 来块的工资时，詹婆婆靠着卖熏鹅已经存了近万元。

看着詹婆婆家络绎不绝的食客，闻着熏鹅香味，张勇心中"干一番大事"的想法更加强烈了,四处寻找商机的脚步自此也更加频繁。他想找一个稀缺又能快速赚钱的项目,最好可以不用像詹婆婆那样起早贪黑地忙碌。很快,他便捕捉到了一个"赚钱"的机会——那是他去成都寻找商业机会的时候,他在成都街头看到一群人围在一起,出于好奇张勇也围了上去,原来被人群包围着的是一个可以"押大小"的扑克游戏机,围观的人正争先恐后地往里面押钱。

正在为找不到合适创业项目发愁的张勇,看着眼前热闹的场景,内心激动万分。由于年轻,加上急于想干一番事业,他自认为这是一个很好的机会,也没意识到其中的法律风险。当时在简阳还看不到这种扑克机,他觉得如果买一台运回简阳,根本不愁赚不到钱。

方向虽然有了,却找不到买扑克机的渠道。后来还是张勇读书看报的习惯帮了他,他注意到报纸不起眼的角落里会刊登广告。张勇通过翻阅报纸,很快便找到了售卖扑克机的信息。寻着从报纸上获得的信息,张勇费尽周折找到了售卖扑克机的人,那是一个留着长头发的福建人。福建人对眼前这个 20 岁出头的陌生年轻人颇为好奇,他告诉张勇买扑克机要 6000 元。

和同龄人比,张勇算是有点儿积蓄的人,他从上班第一天就开始有意识地存钱,把每个月的工资攒下来。为的就是将来有一天遇到合适的创业机会,可以拿得出启动资金。上了两年班,张勇攒下了 2000 元,即便如此,离 6000 元还差得很远。

福建人看张勇拿不出这么多钱,就对他说:"小伙子,我觉得你将来一定能成大事,所以,我 5000 元卖给你。"

年少时来自外界的肯定,总是能给人莫大的勇气。不管福建人说这话只是为了做成生意,还是在和张勇短暂的交流中确实看出了张勇的不一般,这句话在年轻的张勇心里却十分受用。

他对福建人充满感激,二话不说就回家筹钱。即便多年以后,张勇事业有成,回想起福建人的话依旧带着一丝诧异:"那个人居然说我能成大事。"

回到家后，张勇从母亲那里拿到 2000 元的存款，家里又为他筹了 1400 元。兜里揣着 3400 元的现金，张勇激动不已，他离"干一番大事"的想法又近了一步。只不过福建人的扑克机售价是 5000 元，如今还差 1600 元，去哪借？

张勇想到了邻居詹婆婆。詹婆婆家熏鹅生意很是火爆，是张勇能想到的人里家底最殷实的。但那时候的张勇还是个毛头小子，詹婆婆会借给他吗？他心里也很没底。

出乎意料的是，詹婆婆很爽快地借了 800 元，相当于工薪阶层一年的工资。不久后，有个同学自告奋勇地从家里"偷"了 600 元钱来"投资"张勇，他想和张勇一起做扑克机生意。福建人的肯定、詹婆婆的信任，让张勇对这次"创业"充满信心。

张勇和那位同学怀揣着厚厚的一摞人民币，还有对即将到来的新生活的向往，踏上了去成都的长途客车。对接下来的创业之路，他们充满期待。多年来，张勇心里"做大事"的想法从未磨灭过，但这一次，却是他第一次把想法付诸行动，他准备大干一场。

一波三折的创业路

黄渤的成名作《疯狂的石头》里有一个"诈骗"的片段，黄渤饰演的黑皮在坐满乘客的车上悠闲地喝着可口可乐，突然他拿起瓶子惊喜地说自己中奖了。这个举动引起了旁边人的注意，有人凑过去看，果然瓶口写着"中奖五万"，但需要去北京领奖。黑皮表示自己没去过北京，那人便说可以把名额卖给他。这时车上有人说愿意出 5000 元买名额，有人则出了一万。

这些说话的人和黑皮是一伙的，他们原本想利用大家的从众心理骗点儿钱，没想到车上的乘客压根儿不上当。都说艺术源于生活，当张勇拿着 5000 元钱，开启他的第一次创业时，遇到了和影片中几乎一样的情景。只不过张勇没有像影片中的乘客那么聪明，他上当了。

20 世纪 90 年代初，从简阳到成都的交通工具只有长途客车，经常会在途中遇到需要搭乘的乘客。路上陆续有人下车，空出来的座位没多久就会有新上来的人补上。在来来往往的人中，有一个乘客分外引人注目。他和其他着急赶路的人不同，都说出门在外，最忌露富。这个人上车后无意间露出他腕上的金表，引得车上的乘客纷纷将目光聚焦到那块手表上。

在那个年代，戴金表绝对算得上一件稀罕事，和影片中一样，车上有人开始猜测金表的价格，有说 2000 元的，也有说 3000 元的。在几个人的刻意引导下，车上的乘客都开始对金表表现出好奇。

等到气氛烘托得差不多了，戴金表的人才缓缓开口："这块表是我 2400 元买的，我太太在成都住院，我走得急，钱没带够。如果谁能给我 1200 元，我就把表卖了。"

车上的乘客开始七嘴八舌地讨价还价，但戴金表的人怎么都不肯让价。一直在边上默默打量的张勇心动了，他和同行的同学商量，最后得出的结论是金表价格肯定超过 1200 元。

最终，他们从身上的 5000 元中数了 1200 元，买下了那块金表。在这笔买卖成交前，和张勇一起去的同学表现得相当专业，他先是仔细观察，最后还用牙咬了咬，惹得戴金表的人大怒，最后那位同学很肯定地表示金表是真的。因为买手表的时候他们在那些乘客面前露了富，便不敢再继续乘坐那辆车，两人便在半路下了车。

下车没多久，张勇后知后觉地意识到可能上当了。张勇和同学拿着金表去了成都的手表店，这一次，他们最后的一点儿希望也破灭了，金表被证实是假的。拿着剩下的 3800 元钱和一块假金表，两个人像霜打了的茄子，出发时的意气风发不见了，此刻只剩下懊悔。为了弥补在这次决策中的失误，张勇的同学主动提出借给张勇的 600 元钱不要了。

自此，张勇想要进军"博彩业"的商业计划以失败告终。20 岁出头的张勇还没来得及施展拳脚，就遭到了现实的当头棒喝。这可能也是件幸事，避免走上违法之路，那样后果可能更严重。不过这次"被骗"的经历也直接给张勇上了人生中的重要一课：任何时候都不要贪图小便宜，做人做事都得踏踏实实，一步一个脚印走下去。

消沉了一段时间后，张勇又重新打起精神，开始琢磨新的创业机会。这次他又打起了倒卖"汽油"的主意。20 世纪 90 年代，第一批下海的人大多赚到了钱，很多人都买了汽车，但却没有地方加油。在那个时代，汽油在国内尚属计划控制的物资，加油必须凭油票，而油票只有公家才有，私家车加油必要托关系从公家手里买油票。

对有私家车的人家来说，找不到加油的门路，汽车就成了一个摆设。正是在这种特殊的时代背景下，张勇窥见了商机，一个想法在他脑海中产生：如果先从公家司机手里收油，然后再转手卖给私人，岂不是可以大赚一笔。

尽管这个想法后来被证实并不成熟，但张勇的执行力非常强。他当即找来纸板，分别在纸板的两面写上"收油"和"卖油"，一个简单的招牌就产生了。就这样，张勇开始了他的第二次创业。

和上一次买扑克机需要 5000 元的投资相比，这次"创业"风险要低很多。张勇决定先在附近公路摆摊收油，他一早便拿着小板凳和纸板，到简阳至成都的公路边支起了摊子。这种做法颇具创新性，张勇期待着能通过"收油"生意赚到他人生中的第一桶金。

第一天，张勇满怀期待，每当有汽车开过来，他就举起纸板，希望司机能停下来。然而在大太阳下炙烤了一天，所有司机似乎都无视他的存在，竟没有一辆汽车愿意停下来。万事开头难，他心想做生意难免会遇到困难，第一天的"一无所获"并没有让他气馁。

第二天，他继续来到公路边摆摊。然而眼看时间一点点过去，还是没有一辆车在小摊前逗留。正当夜幕降临，张勇准备收摊回家的时候，一辆汽车放慢了速度，最后停在了张勇的摊位前。张勇喜出望外，两天迎着大太阳等待的疲惫，在看到汽车停下来的那一刻消失了。

张勇欣喜万分地迎上前去谈他的第一单生意，汽车的车窗摇了下来，张勇看到一个和他差不多年龄的司机。还没来得及说话，那个司机就朝张勇脸上吐了一口唾沫，接着一踩油门，扬长而去，只留下张勇一人愣在原地。漆黑的夜色护住了他的尊严，但心里的屈辱真实存在。

年轻的时候，我们总会把自尊看得很重，这件事对张勇的打击很大，从那天起张勇就再也没有去收油了。即便如此，从这段经历其实也可以看得出张勇的经商头脑。经济学有个"巴菲特定律"，讲的是在其他人都投资了的地方去投资，是不会发财的。张勇很早就具备这种意识。

张勇后来认真反思，他不缺激情和执行力，但他太着急了，以至于两次创业都显得有些急功近利，缺少深思熟虑的计划，还尚未摸清其中的门道，就着急上路。

从张勇这两次创业历程的侧面，我们还可以得出一个信息：他选择的都是来钱快、又看起来没那么辛苦的行业。尽管他身边的人都是靠踏实和勤奋获取财富的，大院里的詹婆婆靠卖熏鹅走上了致富道路，张勇的父亲在拖拉机厂食堂做厨师养活家庭，但最初创业的张勇却把类似餐饮这种靠辛苦赚钱的行业排除在了选项之外。

张勇早期的创业经历也给了准备创业的人一些启示：创业本身就是一项辛苦的"马拉松"，需要做好长期战斗的准备；要对某个行业有深入的了解，不能光凭冲劲和直觉；要有风险意识。

第二章

不甘平庸，为梦起航

    张勇知道，属于"能人"的时代来了。不过经历过数次失败的张勇也变得谨慎起来。痛定思痛后的他彻底放弃了"快速致富"的想法，他开始将目光投向餐饮业。他发现像詹婆婆那样勤勤恳恳，靠手艺赚钱，虽然辛苦，却有一种难得的踏实稳定。

时代的春天

所有发生在 20 世纪 90 年代的创业经历背后，都有一个无法忽视的历史事件做时代背景，张勇后来的创业经历也不例外。

1992 年 1 月 18 日至 2 月 21 日，邓小平视察南方，发表著名的"南方谈话"。这次谈话共涉及 18 个方面，强调"改革开放胆子要大一些，看准了的，就大胆地试、大胆地闯；对的就坚持，不对的就赶快改，新问题出来加紧解决。"谈话同时还强调要"抓住有利时机，发展自己，关键是发展经济，要注意稳定协调地发展，但发展才是硬道理"。

对中国人而言，这是一次推动改革、回暖人心的讲话。这次南方谈话，也标志着中国改革开放进入了新的阶段。那首广为传唱的歌曲《春天的故事》，就创作于 1992 年邓小平同志发表南方谈话之后，描述的是改革开放创造的奇迹。

春天的故事

1979 年
那是一个春天
有一位老人在中国的南海边画了一个圈
神话般地崛起座座城
奇迹般聚起座座金山
春雷啊唤醒了长城内外

春晖啊暖透了大江两岸

啊，中国，啊，中国

你迈开了气壮山河的新步伐

你迈开了气壮山河的新步伐

走进万象更新的春天

1992 年

又是一个春天

有一位老人在中国的南海边写下诗篇

天地间荡起滚滚春潮

征途上扬起浩浩风帆

春风啊吹绿了东方神州

春雨啊滋润了华夏故园

啊，中国，啊，中国

你展开了一幅百年的新画卷

你展开了一幅百年的新画卷

捧出万紫千红的春天

都说"时代的一粒灰尘，落在个人身上，便是一座山"，当时代的一缕光照在个人身上的时候，其所释放的能量于个人而言便是一个太阳的存在。"南方谈话"直接推动了中国经济的发展，给个体户、寻求发展的先进人物以及不甘平庸的普通劳动者带来了机遇和希望。

在此之前大家追求的都是稳定体面的"铁饭碗"，个体户这种没有保障的新兴谋生方式长期被排在职业鄙视链末端，和主流职业格格不入。长辈们希望子女有一份体面稳定的正式工作，娶妻嫁女也非常看重"铁饭碗"，个体户们是不被长辈待见的。

虽然 1978 年改革开放政策实施后，允许开展个体经营，但在 1992 年南方谈话前，个体户面临着很多的不稳定因素，他们的生存非常艰难。财经作家阿耐在长篇小说《大江东去》中，通过宋运辉、雷东宝、杨巡三个代表人物的际遇和奋斗历程，刻画了改革实践者们的挣扎、觉醒和变化。

其中个体经济代表人物杨巡，为了让家人过上好日子，初中毕业就开始做生意赚钱，从卖馒头到开市场，遇到过无数困难。因为私人不能经营市场，他投入大量精力，花费数年时间才做起来的市场被收回。辛苦打拼 10 多年，最后还欠下 10 多万的外债。

杨巡的不幸遭遇是当时很多个体户的真实写照，大家都按规定办事，所以他们也只能哑巴吃黄连。1992 年，邓小平同志发表南方谈话后，个体经济才迎来了真正的春天。故事里的杨巡收回了扬子街的经营权，变卖后开了更大的市场，继续投入轰轰烈烈的创业中。

时代浪潮中的逐浪者们抓住改革开放带来的机遇，赶上了经济市场化的改革，他们通过倒腾服装、电器，赚取跑路费，在公务员工资只有百十元的年代，他们成了第一批万元户。人们都说那是个"撑死胆大的，饿死胆小的"的时代，有胆量、有魄力的人抓住了改革开放催生的红利，率先抢占市场，但在笔者看来，那个时代更像是立春之后的惊蛰，一声惊雷之后便是万物复苏。

麻辣烫卖出的万元户

张勇知道，属于"能人"的时代来了。不过经历过数次失败的张勇也变得谨慎起来。痛定思痛后他彻底放弃了"快速致富"的想法，他开始将目光投向餐饮业。他发现像詹婆婆那样勤勤恳恳，靠手艺赚钱，虽然辛苦，却有一种难得的踏实稳定。

在这样的思考背景之下，恰巧为了寻找商机经常去成都的张勇，看到成都当地人都很喜欢吃一种小吃——用签子把新鲜的食物串起来，然后再放进有秘制汤料的锅里煮，有点儿像小型火锅。这种串串比火锅方便、便宜，即使一个人吃也不显得奇怪。但张勇发现在简阳几乎看不到这种串串店，如果能在简阳开一家这样的店，生意一定很红火。

这种店还有一个优势，一两个人就能打理，不需要太多投资，以张勇当时的经验和能力来看，开一家这样的小店完全不成问题。

执行力是一个人创业初期最宝贵的品质。很快他就研究了成都的串串店，在简阳找好合适的位置，花100多元钱租了一家20平米的门面房，摆上5张桌子，一家串串店就这样诞生了。张勇还给这家小店取了个很有四川特色的名字——"小辣椒"。

当地很多人没吃过这种小火锅，觉得新鲜有趣，而且价格上又易于接受。再加上张勇对人热情，为人厚道，给顾客的串串分量很足、服务好，偶尔还会给客人送一些小吃，小辣椒开业后生意很快就红火起来。

每到吃饭时间，店里就挤满了人，5张桌子根本不够坐，总有客人排队等着。自从小辣椒开业后，张勇经常忙到凌晨，他亲自采购新鲜食材，一个一个穿成串，忙前忙后地服务顾客。在这种辛苦中，张勇感受到了前所未有的踏实，这是他前两次创业没有过的感受。靠着2毛钱一串的麻辣烫，一年下来，张勇就赚了1万元。

到现在，张勇都很感谢小辣椒的那段经历，他不仅在小辣椒赚到了人生的第一桶金，更重要的是他结识了愿意相伴一生的人，也确定了事业上的合作伙伴。

施永宏和张勇在四川技校学电焊的时候就认识，那时候二人已经是死党，施永宏愿意和张勇待在一起，并且帮助张勇的时候不计回报。

他们的这种相处模式也一度延续到张勇的创业过程中。在开小辣椒的时候，店里生意很好，张勇忙不过来，施永宏就成了随叫随到的免费工人。每次下班后，施永宏就一头扎进张勇的麻辣烫店，帮忙招呼客人，一直到小辣椒打烊了才离开。很自然地，后来施永宏就成了张勇创业路上最重要的伙伴。

开小辣椒的这段经历，对张勇来说另一个重要的收获是认识了舒萍，他后来的妻子。当时小辣椒对面开了一家理发店，理发店有个女员工经常来小辣椒吃饭，这个女员工就是舒萍。

来吃饭的次数多了，舒萍就和张勇熟悉起来。张勇被眼前这个热情活泼的女孩吸引，满脑子只有生意的他，竟然开始关注起舒萍来，每天期待舒萍来店里吃饭，如果哪天没来，他甚至会觉得失落。这种情况持续没多久，张勇就对舒萍展开了疯狂的追求，他的执行力在这时候又一次发挥了作用。

没多久他俩就在一起了，热恋中的情侣总希望时时刻刻都在一起，张勇也不例外，自从和舒萍在一起后，他将大部分时间和精力放在了舒萍身上。爱情的力量使他短暂地"丢掉"了事业心，小辣椒的生意开始走下坡路。后来张勇干脆把小辣椒关了，他拿着开小辣椒赚的1万多块钱，和舒萍过起了"吃喝玩乐"的生活。

过了半年"只进不出"的日子，积蓄也用光了，恋爱的新鲜劲儿过去了一半。张勇一直想要干一番大事，他骨子里向往的是披荆斩棘的生活。对于天生爱折腾的人来说，他们获取能量的方式就是克服一个又一个困难，这种花前月下的生活虽然美好，时间长了免不了觉得寡淡。于是张勇又将重心转移到事业上。

张勇为人极其低调，他为数不多的采访也以企业经营为主，很少谈论个人的经历。但审视张勇的成长和创业经历，不难发现，他的确是个乐于自省的人，他会在每一次受挫后认真反省，迅速调整好方向，再次扬帆起航。

同时，他又具有很强的自我修复能力，普通人经历一次打击后信心就失了一半，经历两次打击后，大多数人会选择放弃。而张勇总是能在短暂的修复后卷土重来，既不会执拗地在错误的路上越走越远，也不会沉溺在失败的情绪中一蹶不振。从"博彩业""收油"生意到开串串店，看似每次都失败了，其实是在一步步靠近正确的方向。

死党"凑"出来的公司

小辣椒之后，张勇便确定了创业方向，他决定重操旧业，只不过这次他要开一家正宗的火锅店。这是张勇总结了前几次创业经历，结合自身特点和市场需求，谨慎考虑后做出的决定。

四川人豪爽的性格、爱热闹的生活习惯，使得火锅这一饮食在四川广受欢迎。火锅现吃现烫，辣咸鲜，油而不腻，适于山川之气候。约上三五好友，吃一顿火锅，将肉、海鲜、蔬菜等放入煮开的清水或特制的高汤锅底烫熟，随着食物的香味在唇齿间游走，心情也会变得爽朗起来。所以常有人调侃，"没有什么事情是一顿火锅解决不了的，如果有，就两顿"。

方向定下来了，但此时的张勇却没有启动资金，因为过去半年多的"挥霍无度"，开小辣椒赚的1万多块钱已经所剩无几。

张勇想到了死党施永宏和女友舒萍，便跟他们说了想开一家正宗火锅店的想法。张勇对施永宏、舒萍、李海燕他们3人说："把钱都拿出来，我们这次开一家正规的火锅店。"起初，大家并不赞同张勇的提议，因为当时张勇的积蓄已经全部花完，几个人都没有开火锅店的经验，要开一家正规的火锅店简直异想天开。

施永宏和张勇认识最久，也最了解张勇，他知道张勇认定的事情除非行不通，否则不会轻易放弃。施永宏率先松了口，最终张勇没有拿一分钱，施永宏、舒萍、李海燕3个人东拼西凑拿出了8000元，开火锅店的事就这么敲定了。张勇、施永宏、舒萍、李海燕 4 人各占火锅店 25% 的股份。

意见初步达成一致，接着便是如何选址。8000 元怎么分配？房租、家具等前期开支按什么比例分配？ 20 世纪 90 年代的简阳发展比较落后，街上租金合适、位置合适的店面并不多。为了离标准火锅店的目标近一点儿，让店面尽量大一些，张勇把火锅店选在了二楼。

如果说当时开"小辣椒"是张勇对餐饮业的初次试水，有点儿小打小闹的意思，对这次的火锅店，张勇又恢复了那种"干一番大事"的激情，对火锅店大小事情都格外上心，他希望方方面面都能正规一点儿。

合伙人定了，店面也选好了，还定制了桌子。火锅店正一点点朝着张勇预期的方向发展。但火锅店的名字却迟迟没有定下来，最开始张勇给火锅店起名叫"大三元"，起这个名字的原因是张勇的一次北京之行，他有次去北京，看到一个叫"大三元"的酒店，酒店装潢华丽，生意火爆，给张勇留下了深刻的印象。

但其他 3 位股东表示反对，"大三元"听起来跟火锅没什么联系，最后只好作罢。正当大家为起名发愁时，张勇在麻将中获得了灵感，那天张勇还在琢磨给火锅店起名字的事，而在一旁的舒萍打麻将胡了，这在麻将术语中叫"海底捞"。张勇瞬间来了灵感，他猛地一拍手说："有了，咱们火锅店名字就叫'海底捞'。"

就这样，在 1994 年的春天，在这个万物复苏的季节，海底捞火锅店诞生了。那时候的张勇不会想到，这个只能放 4 张桌子的小店，日后会成为餐饮界炙手可热的标杆企业。

1994 年对于中国而言，是名副其实的"改革年"。海底捞的诞生，正赶上中国餐饮业发展最好的时候。从 1992 年起，中国餐饮业发展就已经进入了"黄金时代"，这一时期一直持续到 2012 年，长达 20 年的时间。

红餐网专栏作者杨海巍在《致敬：改革开放四十年，餐饮业发展的三个阶段！》中对此做过分析：

从 1992 年至 2021 年，有四个影响餐饮业发展的标志性事件：

1. 社会主义市场经济体制确立，各级政府的工作重心转移到了"以经济建设为中心"。

2. 分税制改革，中央和地方政府的财力得到了有效改善，政务接待能力迅速提升。

3. 中国加入世贸组织，打开了世界的大门，政商就餐进入了高频阶段。

4. 大众消费市场激活，推动了社会餐饮的快速崛起。

①以户口为核心的城乡二元结构的打破，城市化进程大大提速，餐饮消费人群迅速扩容。

②大众休息制度（八小时工作制、双休日制、黄金周），使大家有时间消费。

③人均可支配收入的快速提升，使大众餐饮消费成为了可能。

信任与欺骗

在创办海底捞的过程中，其实还有个小插曲。那时候火锅店的桌子基本都是在正常桌子中间挖个洞，底下用天然气炉火让火锅沸腾。在简阳，买不到合适的火锅桌子，张勇不愿意将就，决定找人定制桌子。

经过几番打听，张勇在简阳附近找到了一家可以接受定制业务的木匠店。一个留着络腮胡子的老板接待了他，他把自己的想法告诉了老板。因为是"定制"，老板说桌子的价格会比普通桌子贵一些。

老板说："做一个桌子要100多块钱。"张勇很爽快地答应了。

看张勇如此爽快，老板又试探性地说："你的火锅有油，如果油滴在上面就不好打扫了。有一种新的材料叫宝利板，这个价格比较贵，200多。"

张勇说："200多就200多好了。"

老板就拿出一个烟盒，给张勇写了一个类似合约的东西，两人约定了取桌子的时间。到时间后，张勇满怀期待地去取，木匠店老板依旧很热情，但就是看不到桌子。

和张勇寒暄了一番后，老板终于说到正题了，他说："桌子我还没做。"

张勇问他："为什么还没做呢？"

老板说："后来我想，你这个火锅下面不是有火吗？这个要有高温，高温来了要把桌面给烧坏了。我再给你推荐一个新东西，是日本进口的，这个很好。"

张勇有一些不悦，但还是听取了老板的建议，铺垫到这儿，老板开始说价格了：价钱还要贵一点儿。

张勇："要多少？"

老板："400多。"

张勇当时感觉到这个事情不对，但还是勉强答应了。回去后他越发觉得有问题，就把这事告诉了一个做建材生意的朋友，朋友告诉张勇，"桌子最多就是80块钱，我们一块去找他。"小县城找人很容易，但张勇想了想还是没有去找木匠店老板。他说："因为已经答应了老板，不管是多少钱，这个事情也不应该去找。"

最后张勇花了1700多元定制了四张桌子，用掉了启动资金的近四分之一。张勇骨子里有对人不设防的基因，第一次准备下海，在去成都的路上被一个卖假金表的人骗了，后来开串串店，人家给他的租金比别人多一倍。当时张勇找的是一个背街的门面房，房东说租金是150元一个月，张勇也没多想就很爽快地答应了。等张勇把房租交给房东后，边上一个卖凉粉的大姐跟张勇说："你傻啊，我们才租60，你给他150，我们怎么办啊？"

如今开海底捞，每张桌子又多收了300元。即便如此，张勇依旧愿意去相信别人，他身上似乎天生就有一种"轻信"的基因。

有趣的是，这个事情还有一个后续。后来海底捞越做越大，已经在西安等地开了分店，凭着差异化的服务，海底捞在简阳颇负盛名。有一天，张勇和往常一样走在街上，居然碰到了那个木匠店的老板。

和当初张勇见到的精明生意人的形象不同，彼时他看起来非常潦倒。当时张勇就在想："他这么会谈生意，算得这么精，而且一笔生意赚我那么多钱，好像他也没有发财。"

从这个事情中，张勇深刻地认识到真诚的重要性，这也是后来海底捞企业文化的重要组成部分。张勇骨子里的真诚使他容易轻信别人，但这种"轻信"却也让他后来收获了更多信任。

　　张勇"轻信"的特质也很自然地渗透到他的管理中，在海底捞创业初期，几个合伙人之间不分彼此完全信任，甚至后来海底捞发展壮大后，张勇对海底捞员工授予免单权。

　　张勇"轻信"人的特质让他吃了一些亏，最终却形成了海底捞独特的管理方式。很多餐饮公司想学习海底捞，最后发现学不会，其实学不会的正是创始人身上的特质，方法易学，性格难改，没有人能轻易改变自己。

一无所有，唯有真诚

海底捞刚开业的时候生意很冷清，没什么人愿意光顾这家新开的火锅店。张勇记得很清楚，当时海底捞楼上住了一家人，这家人经常下楼去吃火锅，却从未来过海底捞。张勇说："因为他们每次走到楼下，往里一看，'哦，还是没人'，然后就走开了。"

没有能留住顾客的好手艺，又没有知名度，海底捞的生意越来越惨淡。几个合伙人暗暗为火锅店的生存担忧。尤其是张勇，开火锅店是他的主意，面对惨淡的经营状况，他的压力更大。

每天忙完火锅店的事情之后，他就开始琢磨让客人主动上门的办法。张勇决定先从最近的人群入手，再慢慢凭借口碑让更多人知道海底捞。他想了个笨办法，每天快到饭点，他就去楼梯口，等着楼上那家人出现。

一连等了好几天，他设法打听到了那家男主人的名字。以后再见到这家男主人，张勇都会主动上前打招呼，两个人渐渐熟悉起来。现在来看，这个方法算不上高级，却很少有人能做得到。在张勇热情地招呼下，那家男主人终于走进了海底捞。

"第一天我说魏大哥好，第二天又说魏大哥好。终于有一天他进来了。我很激动，但是完了他说，'你这个味道不好。'我说，'哪里味道不好？'他说，'我也说不出，但是那家有一种香辣酱，你们要把这个研究出来。'"

后来张勇找了很多家店，终于买到了魏先生说的香辣酱，他让女友舒萍给楼上的魏先生送上去，让他来鉴定一下是不是他说的那个很好吃的香辣酱。魏先生非常感动，后来很长一段时间，魏先生一家都是海底捞最忠实的顾客。

张勇和魏先生只不过是楼上楼下的点头之交。但他记住了魏先生说的话，接受了他的建议，还特地买来香辣酱让魏先生品鉴。这虽然是一件小事，但在魏先生的角度，他感受到了极大的尊重和信任。

这种被信任和重视所带来的满足感，远比一顿美食强得多。所以即便海底捞的火锅味道不是最好的，魏先生也愿意为之买单。

还有一次，也是海底捞刚开业没多久，张勇去一个卖干杂店的老太太那里买底料。老太太为了留住生意，承诺张勇要免费给他炒料。等到张勇在她那里买完底料，才发现老太太根本就不会炒料。

老太太倒也坦诚："我这样跟你说其实是为了拉这笔生意，我也不会炒。"张勇听完这话一下子就懵了，老太太看出了张勇的不悦，她对张勇说："你坐一会儿，不要着急，我去给你问一下。"

说完她就出门了，张勇就在店里等，差不多一个小时后，老太太回来了，她对张勇说："很简单，这个火锅底料就是把豆瓣炒香，关键是我给你配一个香料。"最后的事实证明，这又是老太太的一个促销手段。

张勇把买来的底料和香料拿回去熬制成汤底。没多久，店里就迎来了一桌客人，这是几个同事间的聚餐。刚开始吃火锅的人很少，4个人招待一桌，忙前忙后招呼着，生怕错过了什么。

不但如此，张勇还特地吩咐舒萍给这桌客人赠送一盘点心，结账的时候，张勇又主动给客人优惠了10元钱。那时候很少有火锅店会给顾客赠送菜品。客人临走时，张勇问他们味道如何，几个人一致评价："味道真不错！"

客人走了以后，张勇亲自尝了尝火锅汤底，发现味道很苦，连他自己都难以接受。但看得出用餐过程很愉快，客人临走时的评价也很真诚。张勇一直对那桌客人心存感激，同时他也意识到，打动顾客的是他们热情的服务，用心的服务弥补了味道上的不足。

随着火锅店慢慢走上正轨，张勇对火锅店最初的这些服务进行了总结。他更加深刻地认识到，那些萍水相逢的食客之所以能成为海底捞的忠实顾客，最主要的并不在于海底捞的味道，而是通过在海底捞享受到的热情服务，让他们感受到了被重视，顾客的需求得到了满足。

当顾客需要服务的时候，尽量速度快一些；当顾客觉得不满意的时候，就多赔点儿笑脸。只有真诚优质的服务，才能赢得客户。正是凭借优质的服务，火锅店开张 3 个多月后，来用餐的顾客渐渐多了起来。从开始的门可罗雀，到海底捞店门口出现了排队的盛况。来用餐的人中，就有不少是听说海底捞的服务后慕名而来的，还有更多的是被海底捞的服务吸引来的回头客。

张勇发现，优质的服务确实能留住顾客，而回头客才是海底捞长久发展的根本。于是海底捞在服务上更加卖力了，还总结了一系列让顾客满意的心得：服务必须要好，态度必须要好，速度必须要快。顾客有不满意的地方，赔礼道歉一定要诚恳。针对客户的不同需求提供个性化的服务，主动为顾客拎包、带孩子甚至擦皮鞋……为顾客营造安心的用餐环境，让他们可以尽情享受美味。

在整个火锅行业还没意识到服务的重要性的时候，张勇就掌握了做火锅店的秘诀是服务，而服务的本质是让顾客感受到真诚和用心。而实现这一切最核心的因素是人，是店内最普通却直接影响顾客的服务员。

第三章

突破舒适区，直面新挑战

　　随着海底捞在简阳的名气越来越大，张勇让海底捞走出简阳的想法也愈发迫切。在四川这样具有代表性的火锅之乡，本土餐饮业服务意识很强，海底捞即便有知名度，也很难长期在激烈的竞争中处于优势，而北上广深等一线城市餐饮业逐渐成熟，人们对餐饮的需求不仅仅停留在味蕾的享受，更开始追求就餐氛围、服务和感受，这种需求正好和海底捞"服务高于一切"的理念非常契合。对张勇来说，带领海底捞"走出简阳"，势在必行。

"捡"来的千里马

世界银行总裁罗伯·麦玛南说："一个企业或一个系统内部，人才占第一要素；因为靠才艺、资源致富的，需要几百年的时间，而靠人才、智慧致富的，则只需十几年或几十年的时间。"

对还是小火锅店的海底捞来说，此时需要的不是技术或学术型人才，而是能够符合张勇需要的服务员。张勇需要的服务员，除了具备吃苦耐劳、踏实勤奋这些基本的特质外，还要有做大事的魄力，最重要的是有理想、有抱负。张勇想招进海底捞的第一个员工，一定不是打工人，而是可以一起拼事业的伙伴。

为了发现合适的"人才"，张勇经常利用空闲时间去其他餐厅吃饭。即便寻不到"千里马"，也可以学习一下别人的管理经验。

张勇去过很多餐厅，这次当他像往常一样去一家餐馆吃饭，一个服务员引起了他的注意。他通过观察发现，这个服务员和他在其他店里看到的服务员不同，她做事手脚麻利，招呼客人热情周到，张勇在这里吃饭，都愿意跟她聊几句。张勇非常好奇，为什么她做服务员这么有热情？这不正是他寻找的"千里马"吗？张勇希望海底捞将来招的服务员也能像她一样，把餐馆当自己家。经过和这个服务员接触，张勇决定挖她去海底捞。

张勇问她："你在这个地方每月能拿多少钱？"

服务员说："120 元。"

张勇听她报工资后，心中一喜，便向其抛出橄榄枝："去我们那里吧，我们给你 160 元。"

这个服务员就是杨小丽。杨小丽家在四川农村，上面还有两个哥哥。在她来简阳做服务员之前，家里做蜂窝煤生意赚了不少钱。作为家里最小的孩子，两个哥哥很疼她，家人视她为掌上明珠。不料家中遭遇变故，蜂窝煤生意失败，一家人不仅没了收入来源，还欠了很多债。从小受哥哥照顾的杨小丽决定去简阳打工，替家里还债。但只有初中文化、没有一技之长的杨小丽，也只能选择服务员一类的工作，最终杨小丽在简阳的餐馆当起了服务员。

那时候简阳餐饮业服务员的平均工资只有 80 多元，杨小丽因为干得好，老板给她涨了 40 元。而张勇给出的 160 元已经达到了同行两倍的价格。杨小丽很感激老板的看重，再加上张勇突然给出那么高的工资，以为遇到了骗子，就没把张勇说的话当回事。

后来发生的一件事，改变了杨小丽的职业生涯，也间接改变了杨小丽的命运。不久之后，杨小丽所在餐馆的老板决定转移阵地去广州开店，老板觉得杨小丽工作积极，做事也勤快，就打算带她一起去广州。但杨小丽的奶奶舍不得孙女离开简阳，去遥远的广州，所以最终杨小丽留在了简阳。

老板走了，原来的工作没了，杨小丽只能重新找工作。此时她才想起张勇跟她说过的话。

凭借零星记忆，杨小丽在简阳打听一家叫"海什么捞"的店，竟然顺利找到了海底捞火锅店。张勇看到杨小丽主动"上门"，自然很高兴。他履行了当时的承诺，给杨小丽的工资是每月 160 元。自此，杨小丽成了海底捞的一名服务员。当时的杨小丽绝对不会想到，这家火锅店以后会成为餐饮业的标杆，而她的名字将与其紧紧联系在一起。

在海底捞干了一段时间后，杨小丽才发现张勇真的每个月付给她160 元的工资。但海底捞的工作强度比以前大得多，在之前的餐馆没有客人的时候，偶尔还能放松一下，在海底捞完全没有休息的时间，尤其是高峰期，必须要小跑着才能不耽误事。前两个月杨小丽频繁产生想要离职的想法，因为工作强度太大，脚底都磨出了泡。但看在工资比同行高的份上，她最终还是选择咬牙坚持。

后来发生的一件事让杨小丽彻底放弃了离职的念头，决定留在海底捞。事情的起源是，有一天杨小丽正在上班，她妈妈突然出现在她面前。妈妈告诉她，债主去家里闹，还把值钱的东西都拿走了。债主放狠话，如果不还钱，就不让他们踏实过年。杨小丽妈妈也是没办法，才来找杨小丽，问她能不能借到 800 元，不然今年没法打发其他债主。

为了给家里还债，杨小丽拼命工作，她没时间去社交，也从不给自己花钱。她把每个月的工资都寄回家了，此时她身上已经没有多余的积蓄。杨小丽只能告诉妈妈，自己想想办法。后来这件事被张勇知道了，他让公司借给杨小丽 800 元。杨小丽万分感谢，坚持让公司每个月从她工资里扣。

张勇说："扣了，你家里还是没钱，年底再还吧。"

杨小丽原本以为公司会从她年底奖金里扣，毕竟 800 元在当时是一个服务员近一年的工资。但让杨小丽诧异的是，发奖金的那天，她居然领到了全额奖金。杨小丽以为搞错了，就去向会计求证。会计说："张大哥说了，你家还债的 800 元由公司出，所以你有奖金。"

中国有句古话叫"患难见真情"，这件事使杨小丽备受感动。从此以后，她就把海底捞当家了，有谁敢损害海底捞的利益，她就敢跟谁拼命。

在海底捞成功后，有人问张勇成功的秘诀，张勇说："成功可能是因为我比较善良吧。"张勇身上有"做大事"的气魄和智慧，同时又具备劳动农民的淳朴和善良。经历过贫穷，所以他懂生活在底层的劳动人民的无奈和心酸。他会一直记着小时候一起玩耍的"傻子"，在海底捞赚钱后会想到要帮"傻子"一把，在杨小丽最需要的时候施以援手。

而张勇所谓的"比较善良"，正是海底捞员工愿意相信他，愿意为海底捞拼命工作的内因。以杨小丽为代表的海底捞员工曾处处碰壁，在最困难的时候遇到海底捞，受到优待和帮助，自然愿意为这份恩情拼尽全力；更何况海底捞还给了他们"改变命运"的希望和平台。张勇骨子里的那份憨直和善良，反而让他得到更多，这也是海底捞在发展初期能从众多餐饮业中脱颖而出的原因之一。

怕"赔钱"成不了大事

杨小丽等人的加入，让海底捞的发展势头更猛了。创立几年光景，海底捞就凭借极致的服务，在简阳家喻户晓。

海底捞的快速发展使每个股东都赚了不少钱，大家很兴奋，认为张勇当初做的决定很明智。

此时，张勇心里正在谋划另一件事：海底捞生意就算再红火，店铺面积太小，每天接待的客人有限，按照如今的速度发展下去，海底捞永远走不出简阳。而简阳的其他火锅店也越来越重视服务，长此以往，很难保证在简阳这个遍地是火锅的城市，海底捞还能拥有竞争力。

看到大家对现在公司的经营状况很满意，张勇越发对未来发展充满担忧。关于扩大海底捞的想法，张勇已经在心里盘算了很久，他觉得是时候提出来跟几位股东商议了。

海底捞成立后，一直都是张勇说了算。在张勇的带领下，几年的时间，海底捞从只有4张桌子的小店发展成在简阳数一数二的火锅店。张勇的能力大家有目共睹，所以当张勇提出想要扩大海底捞的想法时，其他几个人没有立刻反对。

紧接着张勇提出，海底捞的装修风格要更大气时尚，用这些年赚的钱装修店面，再把周围的火锅店铺都"吃"下来。

海底捞成立以来，包括张勇在内的4个合伙人不辞劳苦，为海底捞奉献了所有的时间。如今海底捞好不容易赚到了钱，钱在口袋里还没捂热，就要被张勇拿去花在装修店面、租赁店铺这些不知是否有回报的事情上。

相比于未知的事情，眼前看得见、抓得住的财富才是最真实的。所以面对张勇的提议，包括舒萍在内的 3 个股东都不同意，他们说张勇疯了，怎么能把辛辛苦苦赚的钱花在装修店面上呢。

另一边，扩大发展海底捞的事，张勇已经盘算了很久，更不可能轻易放弃。面对张勇的坚持，舒萍和施永宏用沉默抗拒，李海燕说出了大家的想法："现在火锅行业竞争这么激烈，如果做赔了，我们不是一无所有了？"

看到几个股东这么"怕赔钱"，张勇心痛万分。他认为大家志同道合，一路走来共同经历了这么多，不会被眼前这一点儿浮华绊住脚步。一气之下，张勇掀翻了桌子，他厉声反问李海燕："如果我们做生意总是抱着一种怕赔钱的心理，那我们当初就不应该做。既然已经开始做了，现在还做得这么好，为什么不努力将它做得更大、更好呢？"

另一方面，他内心似乎也能理解其他几个股东的担忧，风平浪静的好日子摆在眼前，不愿意折腾也是人之常情。张勇平复了情绪，换了种温和语气说："正因为竞争如此激烈，我们才要将店面装修好，这就好比一个人的形象问题。试想，一个人整天邋里邋遢的，谁还会搭理他，你会吗？"

和之前的很多次一样，3 个股东心里的担忧写在脸上，但最终还是选择"多数服从少数"，选择支持张勇，跟着他继续干下去，至于结果怎样就听天由命吧。

后来张勇谈起这段经历时说："我从来不心疼钱，因为一个人的心胸决定一个人对事业、金钱和人生的态度，也将决定一个人的命运。我只知道，我要将海底捞做到更大、更好；我更明白，要将海底捞做到更大、更好，就必须承担更大、更多的风险。因此，对于和店里几个股东意识上的冲突，我总是坚持我自己的观点，并为之投入最大的精力。"

而事实又一次证明，张勇的决策是正确的。海底捞的装修比以前气派豪华，店面也变大了，服务又一如既往地比同行好，所以在简阳的名气也越来越大。中国人向来注重面子，但凡有宴请宾客、同事聚餐都愿意来海底捞，因为来这儿吃饭有面儿。而来海底捞吃过火锅的这些人，享受了海底捞极致的服务，又成了海底捞的"活招牌"，主动把海底捞介绍给更多人。

靠着宾至如归的服务和口碑效应，很多人慕名而来。从市长到修鞋匠的儿子，没有人不知道海底捞。

张勇说："其实我当初也没有把握，更没料到海底捞的生意会那么好，没想到那么多顾客都会将我当朋友。那时候简阳几乎人人都知道海底捞。上到市长，下到皮鞋匠的儿子。因为市长经常来我店里吃火锅，而皮鞋匠的儿子就在我店里上班。"

几年的时间，海底捞就从当初只有4张桌子的小店，成了简阳市最气派的火锅店，张勇直接买下了一整层楼，还率先在店里安装了高档空调。20世纪90年代，空调对普通大众来说还是个稀罕物件，海底捞无疑成了火锅界的"时尚达人"。

事实上，张勇对海底捞的改造是有据可依的，海底捞的诞生正赶上中国餐饮业的黄金时代，此时餐饮业已经进入到了"色、香、味、型、器、意、养"以及服务环境等方面的全面竞争阶段，其中排场、环境成了大众选择餐厅的重要考量因素。

1997年，海底捞的营业面积扩展到了1500平方米，到1998年8月，海底捞在简阳市丝绵小区开了第一家分店。海底捞从4张桌子的小店发展成简阳市最气派的火锅店，张勇做的每一个重要决策，都是经过深思熟虑的。而最终的事实也佐证了张勇的选择。不过此时他又有另一个想法，就是把海底捞做成餐饮界的知名品牌，一定要让海底捞走出简阳，走向北京、走向全国，甚至更远。

随着海底捞在简阳的名气越来越大，张勇让海底捞走出简阳的想法也愈发迫切。在四川这样具有代表性的火锅之乡，本土餐饮业服务意识很强，海底捞即便有知名度，也很难长期在激烈的竞争中处于优势，而北上广深等一线城市餐饮业逐渐成熟，人们对餐饮的需求不仅仅停留在味蕾的享受，更开始追求就餐氛围、服务和感受，这种需求正好和海底捞"服务高于一切"的理念非常契合。对张勇来说，带领海底捞"走出简阳"，势在必行。

海底捞每天会接待形形色色的人，张勇也借此结识了很多"有头有脸"的朋友。其中有一个做医疗器械的人和张勇很熟，此人在西安设有分公司，他看到海底捞生意很红火，就问张勇："有没有想过到外地去开火锅店？"

这句话问到了张勇的心坎儿上，去外地开店正是他当时对海底捞的规划。迟迟没有行动，是因为海底捞的营收还不足以支撑其在外地新开一家店。张勇将自己的想法告诉了这位朋友："想啊，但是没有本钱，也缺资讯，但我相信，北方一定可以开。"

现在看来，这位朋友早有想跟张勇合伙开店的想法，听到张勇的话，他接着说："你说对了，现在全国各地有很多四川火锅，西安的火锅做得很烂，你去了（生意）一定火。"

很快二人达成了口头协议，做医疗器械生意的朋友没多久就给张勇买了去西安考察的机票。通过考察张勇了解到，在西安开火锅店至少要 70 万元的启动资金，而当时海底捞的流动资金只有 20 多万元。

于是，做医疗器械生意的朋友顺理成章地成了海底捞西安店的投资人，张勇终于实现了让海底捞走出简阳的愿望。只不过，海底捞在西安店的发展却没有想象中顺利。

"跳出"简阳，谋求新发展

1999年4月，时隔海底捞成立5年，位于西安市雁塔区大雁塔北广场的西安首家海底捞正式营业。张勇将培养了几年的得力助手杨小丽派往西安。

这一年杨小丽21岁，她要在一个完全陌生的城市当店长，管理100多名员工，让海底捞在西安活下去。换做海底捞其他任何人，都未必能胜任，更何况是只有21岁的杨小丽。

在别人的地盘开店不是件容易的事，海底捞在西安面临的困难远远超出了张勇的预期。当时，西安餐饮市场大大小小的火锅店超过1200家，火锅企业的数量超过了国内绝大多数城市，在这里开火锅店，相当于从本地火锅从业者嘴里夺食，竞争之激烈、难度之大不言而喻。

到西安后杨小丽发现，很多在简阳的经验在这里根本行不通，一切都要从零开始。初来乍到的海底捞生意惨淡，在与大量本土火锅店的竞争中很快败下阵来，勉强经营了几个月，持续亏损，完全达不到预期的营收目标。

让海底捞走出简阳是张勇的主意，如今西安店接连亏损，3位合伙人也逐渐对张勇失去耐心，他们认为张勇有时候过于独断专行，听不进意见，责怪张勇不应该去人生地不熟的西安开店。

另一边杨小丽的情况也不容乐观。她既要考虑客源问题，操心海底捞的经营状况，还要提防不怀好意的"地头蛇"闹事。

最让她有心无力的还不是这些，西安店是与别人合伙开的，由于投资人的介入，火锅店经营管理的方方面面都受到了限制。杨小丽话语权分散，做起事来束手束脚。眼看着西安店接连亏损，杨小丽也开始动摇了，在支撑了一段时间仍旧无果后，她向张勇提出了辞职申请。

杨小丽的辞职理由是：西安店合作伙伴对经营中的一分一毫都斤斤计较，海底捞的特色服务在西安也没有实行下去，而她自己位低言轻，做事处处被束缚。

对于杨小丽辞职一事，张勇没有立刻给出答复。他一边复盘西安店的问题，一边积极寻求应对办法。张勇发现，西安店最大的问题确实出在管理上。正是当初引进了合伙人，导致杨小丽在做决定时有很多顾虑。

最终，张勇做出了一个让所有人大跌眼镜的决定：让西安合伙人撤资，并对杨小丽委以重任，重新树立海底捞的核心理念——服务高于一切。

在海底捞最需要钱的时候，让合伙人撤资，给杨小丽授权，把西安店的命运交到一个只有 21 岁的员工手上。即便现在看来，张勇这个决定仍有些大胆。当然大胆的背后是张勇对局势的正确判断和对人性的深刻洞察。最后这个大胆的决定拯救了海底捞西安店，让海底捞在西安市场得以立足。

给杨小丽授权的决定，虽有冒险的成分，却是张勇经过了深思熟虑的。以后很多年，海底捞都是沿用这种模式——高层授权经理，由经理全权负责分店的大小事务。

如何应对闹事的顾客，是海底捞在陌生城市生存的第一关。像海底捞这种营业到深夜的餐馆，经常会有客人闹事，原本和和气气来吃饭，酒过三巡后总免不了有冲突，有时候客人喝多了难免打碎店里的东西，如果服务员让客人赔，客人间的情绪就会转移到服务员身上。

杨小丽来到西安店后，不止一次遇到这种事，黄铁鹰教授在《海底捞你学不会》一书中这样描述过：

> 有一次，3 个喝多了的顾客和海底捞的服务员吵了起来，喝醉酒的人是很难控制好情绪的，最终争吵发展成了动手，男客人动手打了海底捞的两位女服务员。海底捞向来注重服务，所以一

般情况下，服务员是绝对不会得罪客人的。但看到男客人打女服务员，其他男服务员也忍不住了，把3个闹事的男客人打了一顿。男客人走之前撂下一句话："你们等着！"

"欺生"在很多城市都存在，西安也不例外。在那场争执结束几个小时后，两辆卡车朝海底捞开来，不一会儿，从车上下来60多个手持棍棒的彪形大汉。他们完全不讲道理，开口就要5万元的赔偿费，不然就把店砸了。

海底捞员工见状马上拨打了110报警……正当对面的人看着好戏，海底捞服务员不知所措时，杨小丽一声令下，100多名服务员突然有了主心骨，齐刷刷冲出店，男服务员在最前面，女服务员紧随其后，21岁的杨小丽站在了人群最前面。

对面的60多个大汉突然看到这种阵仗……站在马路对面，硬是没敢过来，直到3辆警车赶到。

警察看到场面急了，160多人对峙，要真打起来，那还得了。便赶紧从中调节，最后对面的人都散了，杨小丽和几位服务员被带到了警察局。

黄铁鹰教授曾在采访杨小丽时问她当时害不害怕，杨小丽说："忘了害怕。当时就想一件事，这个店装修花了那么多钱，绝不能让他们砸。"

"他们过来你们真敢打？"

杨小丽说："他们要动手，那就没办法了。"

除了应对闹事的顾客，对杨小丽来说，更重要的是怎么抓到顾客。在张勇的指示下，杨小丽针对西安的市场背景及顾客群，制定发展策略，一点一点地积累客源，用好服务留住顾客，再通过口碑效应去影响更多客户。

最初的一段时间是最难的，海底捞在西安没什么知名度，顾客不愿主动来吃。整整半年的时间，杨小丽天天待在店里，每天睡觉不到6小时，体重降到不足40公斤。除了没钱做广告，什么办法都试过了，包括到街上贴小广告。

西安店几乎所有员工都是从农村来的，以为电线杆上那些办证、开发票、治性病的小广告可以随便贴，所以杨小丽就带着几个服务员去贴小广告宣传海底捞。第一天平安无事，第二天海底捞两个服务员正在贴小广告时，被城管抓到了店里，要罚款 600 多元。

最后杨小丽因为舍不得交罚款，被城管拿走了营业执照。后来杨小丽不仅带着几个人去城管所要回了营业执照，还说动了城管科长去海底捞吃饭。杨小丽说，那时候对工作达到了近乎忘我的状态，晚上说梦话都在拉客户。

后来杨小丽想了个办法，"既然客户不愿走进来，那我们就走出去"。生意不忙的时候，杨小丽每天带着员工把豆浆用暖壶装上，去海底捞附近挨家挨户送豆浆，上下班时间也会去公共汽车站这种人流量比较密集的地方送豆浆。

刚开始，很多人对此比较排斥，有时候甚至不让他们进门。去的次数多了，大家和海底捞员工慢慢熟络起来了。后来杨小丽真的靠这种方式抓到了顾客，从此以后，她再也不惧怕上街抓顾客了，海底捞渐渐积攒了一些顾客。看到这个方法奏效后，杨小丽又陆续推出了一些类似的服务。

信任有一种很神奇的力量，它会激发出人的潜力，让人克服困难、勇敢前进，从而创造出更大的价值。张勇信任杨小丽，所以将西安店托付给了她，杨小丽没有让张勇失望，她排除万难，让海底捞在陌生的城市扎了根。

迎难而上，逆势生长

随着西安店的开业及张勇给杨小丽授权，海底捞正式进入了连锁直营阶段。

在此之前，海底捞一直属于单店创生阶段，作为 CEO 的张勇关注的是客户和员工的规范化，管理上也是通过开会分析问题，总结经验教训，没有系统的管理机制和考评机制。不过彼时对海底捞产生巨大影响的核心理念已经产生，即"优质的服务是海底捞的生存之道"。

在杨小丽的带领下，西安店的员工发挥出了超乎寻常的真诚、热情和耐心，免费向顾客提供大量"特色服务"，进一步发扬了海底捞"服务高于一切"的核心理念。

为了让顾客可以安心享用美食，海底捞员工在顾客用餐前会免费给他们提供围裙、眼镜布、装手机的透明袋。还没等顾客开口，就知道顾客需要什么。除了围绕餐桌的服务，顾客去洗手间，会看到摆在洗手台上的洗手液、洗发水、纸巾、发胶等，更有服务员为顾客挤洗手液、递纸巾。从进门的那刻起，顾客就开始享受海底捞真诚用心的服务，能够感受到少有的被尊重和重视。

凭借着真诚的服务和食材上的用心，海底捞西安店开始扭亏为盈。此后海底捞西安店的营业额不断上涨，甚至超过了在简阳的收入，海底捞的核心阵地慢慢转移到了西安。

到 2002 年 9 月，在海底捞进入西安市场 3 年后，海底捞终于在西安开了第二家分店——西安建国路店。这个消息让海底捞的员工感动、兴奋，其中最高兴的当属张勇，海底捞的发展越来越好了，他没有让股东失望。张勇计划趁着海底捞在西安打响品牌之际，继续扩大在西安市场的发展规模。

就在此时，一场突出其来的病毒疫情打乱了人们平静的生活，也打乱了张勇的计划。

2002年底，SARS（非典）在中国广东爆发，并借助春运大潮，快速扩展至全国，医护人员被感染的消息通过手机短信、电子邮件在广州乃至全国大面积扩散。而这还只是序幕，一直持续到2003年4月，抗击"非典"的战役才进入更为严峻的时刻。

"非典"让很多家庭经历了极其难熬的时刻，而同样被它影响的，还有大大小小的企业，很多企业没熬过那个夏日里的"寒冬"。其中餐饮业是受非典疫情冲击最大的行业之一。

据公开资料显示，2003年北京餐饮业零售额3年来首次下降，餐饮门店关门歇业率达到了70%，经营业绩普遍比2002年同期下滑50%～80%。直至进入2003年6月份，餐饮市场才开始有回升的势头。

整个餐饮业陷入低谷之时，海底捞也未能幸免。受疫情影响，海底捞的生意一落千丈。原本宾客满座的火锅店，一时间变得冷冷清清，一起变冷清的还有海底捞的营业额。而此时，关于分餐制将成为餐饮业竞争的重要因素的说法在业内很受关注，对火锅这种通常由多人一起食用的美食种类，无疑是巨大的打击。

火锅店一连几天没有生意，大家都坐不住了。杨小丽想起张勇在开会时说过，海底捞需要尝试不同玩法，海底捞此前很多创意，在后来证明都取得了不错的效果。既然受疫情影响客人不能进店就餐，那是不是可以换个思路，把火锅送到客人家里？

2003年外卖的形式还很罕见，尤其是火锅店，几乎没有外卖服务。就在这时候，海底捞发布了一条关于火锅外卖的消息。送火锅上门，多么新鲜有趣的事情！消息发布后，海底捞的订餐电话响个不停。就这样，海底捞的特色服务——火锅外卖，开始了它的试水之旅。

　　为了送货方便，海底捞还把传统的煤气罐换成了更轻便的电磁炉，前一天给顾客送到家里，第二天再去取回电磁炉。2003 年 5 月，《焦点访谈》将海底捞火锅外卖作为在"非典"时期的典型案例进行了专题报道。

　　火锅外卖的创意很成功，不仅让海底捞在疫情期间找到了突破口，还通过《焦点访谈》等主流媒体报道，增加了海底捞的知名度。火锅外卖让海底捞成功渡过了难关，后来作为成功案例写入了海底捞企业文化手册之中。

　　这项外卖业务也成就了海底捞后来的 "HI 乐送"，成为海底捞极具特色的服务之一。

　　美食专栏作家殳俏在微博上分享了一段海底捞火锅外卖的体验："有图有真相——5 点叫的海底捞外卖，5 分钟前外卖员道着歉说堵车耽搁了，然后满面笑容地开始进屋摆桌子，菜品、蘸料、勺子、香菜末、葱花、锅、台布、围裙，一应俱全。请注意角落那个大垃圾桶和大垃圾袋，那也是一块拿过来的。"

　　海底捞外卖创意的产生及后来发生的神奇作用，其实是张勇授权和信任的结果。西安店危机之时，张勇决定让合伙人撤资，放手让杨小丽独立管理西安店，没有了束缚的杨小丽在管理上更加收放自如。正是张勇的这份信任，让杨小丽工作更加积极主动，以西安店的发展为己任，最后才创造了逆势生长的奇迹。

第四章

用兵之道，攻心为上

张勇很清楚海底捞要想走得远、走得久，最关键的因素就是人。所以他一直在思考一个问题：如何让服务员也像自己一样用心呢？毕竟自己是老板，海底捞发展得好，自己是最大的受益人。但员工不一样，对他们而言，这只是一份工作。

张勇的答案是：让员工把海底捞当成家。当员工把海底捞当成家的时候，他们就会把工作放在心上，把公司的事当自己的事。

张勇提出的"把员工当家人"，并不是一句用于笼络人心的宣传口号。海底捞在最初的发展中，的确为员工做了很多实事，从衣食住行方方面面为员工营造了家的氛围。

把员工当家人

2003 年 7 月 5 日，台湾地区最后一个宣布解除非典警报，全球首次非典疫情宣告结束。随着非典警报的解除，海底捞各个门店又恢复了往日的热闹。

凭借"火锅外卖"这种创新的业务模式，海底捞成功渡劫，迎来逆势生长。走出困境的海底捞盈利能力逐渐增强，经营模式同样得到改善和提升。海底捞在西安遇到的困难、取得的成绩，包括在非典时期推出的外卖业务，让张勇对服务有了更深的理解，也给海底捞开拓一线城市带来了信心和经验。

2003 年 11 月，郑州红砖路店营业。2004 年一年的时间，海底捞在全国开了 6 家门店，家家生意火爆。也是在这一年，张勇决定带领海底捞一路北上，去祖国的中心城市——北京。

2004 年 7 月，北京海底捞大慧寺店开业，张勇终于把海底捞带到了北京。不过困难也随之而来，2004 年，北京的火锅店超过 4000 家，除了本土的京派火锅、重庆毛肚火锅、四川麻辣火锅、广东海鲜打边炉、香港牛肉打边炉和上海什锦暖锅等，一应俱全。

虽然有西安的成功经验，但要在遍地火锅的北京生存下来，并不容易。面对如此激烈的竞争，张勇决定还是要靠"服务"这把杀手锏，在汇聚了各地美食的一线城市走出一条差异化的路。

只不过不能再像以前一样没有"章法"的服务，要从管理、流程、制度各个方面让服务标准化、个性化。

于是张勇重新对海底捞进行市场定位，对顾客类型进行细分，了解当地人的消费需求，针对不同顾客提供差异化的服务。例如，一个抱着孩子的顾客来吃火锅，需要给她提供什么样的服务？如果是老人，又该提供什么服务？从此使服务形式更灵活多样，也更有针对性。

像北京这样的一线城市，人们不仅追求味蕾上的享受，还很注重服务、氛围和用餐环境。即便是相似的菜品和味道，也会因为环境和服务的不同给顾客带来完全不同的用餐体验。所以张勇很重视北京店的装修，2006年8月，北奥店开业，整个北奥店能容纳90桌客人同时用餐，装饰风格古朴典雅。

真诚地投其所好，在服务行业是一种聪明的做法。海底捞准确地捕捉到了顾客对环境、氛围、服务等各个方面的喜好，个性化的服务和个性化的口味，全方位满足了顾客需求。基于这样的用心，海底捞很快在北京打响了品牌，北京店也出现了排队几个小时等位的盛况。

同一个区域，有的火锅店门可罗雀，海底捞等位区却坐满了顾客，中央电视台和北京的各大媒体也开始关注到这个"新物种"，纷纷报道海底捞是如何在竞争激烈的北京得以迅速发展的。

其实海底捞在郑州开店之前，公司内部都还没有明确的管理架构，即便有总经理、店经理这样的分工，也没有具体的岗位职责。随着海底捞在餐饮业逐渐崭露头角，关注海底捞的人也渐渐多了。很多人开始向张勇请教经营管理方面的问题。另一方面，海底捞员工增多，从前的管理方法已经行不通了。张勇意识到，海底捞要想成为一支能"打胜仗的正规军"，就必须规范发展。

2004年8月，海底捞在北京开店一个月后，张勇开始了为期半个月的欧洲8国考察学习，学习国外餐饮在管理、服务、流程、制度等方面的先进经验。回来之后，张勇开始着手工作流程、制度分工、战略目标及企业文化的建设。

张勇清楚海底捞的快速发展源于海底捞极致的服务，而撑起极致服务的，却是海底捞一个个普通的服务员。餐饮业属于劳动密集型行业，来就餐的顾客是人，提供服务的员工是人。海底捞要继续走好服务这条路，就一定要"以人为本"。员工只有对企业产生认同感和归属感，才会真正快乐地工作，用心去做事，然后再通过他们去传递海底捞的价值理念。

所以，张勇提出"服务好客户，把员工当人看"。客户满意度是海底捞生存和发展的根本，而把员工当人看，是确保员工能服务好客户的关键。尤其是餐饮业的服务人员，在技术层面没有太多难度，但要做好这份工作也不容易。雇用员工的双手容易，雇用员工的大脑却需要智慧。

张勇说："火锅是低技术含量的行业，比如，怎么端菜、点火、开门和打招呼，不需要专门技能，一般人稍加培训都能干；只要愿意干，没有干不好的，关键是愿不愿意。大多数服务员是迫于无奈才选择这个待遇低、地位低、劳动强度大的职业，所以干得不好。因此，要想让员工干好这份低技能的工作，关键点不应该放在如何培训员工怎么做这份工作上，而是要放在如何让员工愿意干这份工作上。只要员工愿意干，用心干，你就赢了！"

如何让员工愿意干、用心干，这就是一个关于"人"的故事了。

"雇用"员工大脑

张勇很清楚海底捞要想走得远、走得久，最关键的因素就是人。所以他一直在思考一个问题：如何让服务员也像自己一样用心呢？毕竟自己是老板，海底捞发展得好，自己是最大的受益人。但员工不一样，对他们而言，这只是一份工作。

张勇的答案是：让让员工把海底捞当成家。当员工把海底捞当成家的时候，他们就会把工作放在心上，把公司的事当自己的事。

张勇提出的"把员工当家人"，并不是一句用于笼络人心的宣传口号。海底捞在最初的发展中，的确为员工做了很多实事，从衣食住行方方面面为员工营造了家的氛围。

很多从乡下来城里的打工人，不熟悉道路交通，容易走丢，也不熟悉城里很多设备的使用。所以海底捞的新人培训内容中，除了对工作内容的培训，还教员工怎么看地图，怎么冲马桶，怎么坐地铁，怎么过红绿灯，怎么使用银行卡……

很多进城务工人员为了省钱，只能居住在逼仄潮湿的地下室，如果是自己的家人，肯定不愿意看到他们住在这样的环境里。张勇见过一些打工者的宿舍，七八个人挤在狭窄逼仄的空间，完全没有自由活动的空间。员工劳累了一天，下班后回到那样狭窄潮湿的环境，基本的睡眠质量都得不到保障，又怎么会有激情去为公司创造价值？

既然要把员工当家人，就不应该让他们居住在没有亮光的地下室。

张勇希望海底捞的员工能住进正规的两居室、三居室，能享有城里人的待遇。还要把屋子装修好，要有电视可以看，有空调、洗衣机、电脑，让员工真正感受到家的温暖。

这个想法在海底捞落了地。在海底捞工作的员工，都住在正规的居民住宅。每个人居住的面积不小于 6 平方米，有属于自己的独立空间。宿舍里可以免费上网，可以看电视。

因为员工每天工作时长比较长，加上交通拥堵，为了保证员工按时出勤，同时不影响睡眠，即使在一线城市，海底捞员工宿舍离上班的地方也不能超过步行 20 分钟的距离。都知道海底捞员工工作强度大，白天基本上脚不沾地，为了让他们在工作之余有更多的休息时间，海底捞请了阿姨为他们打扫宿舍卫生、换洗被单。

张勇认为，要让员工心无旁骛地投入工作，首先要替员工解决后顾之忧。海底捞员工几乎都来自农村，他们常年在外打拼，家里还有老人、小孩，如果能帮员工照顾家里的老人、小孩，解决他们的后顾之忧，他们在工作上也会更投入。张勇想到一个办法激励这些员工：每个月给优秀员工的父母寄一定比例的钱，逢年过节，海底捞的领导还会去员工家里看望老人，给他们送去节日的慰问。这些老人受到公司关照，更加支持子女在海底捞的工作，会一再叮嘱子女，要踏踏实实做事。

除了帮助员工的父母，海底捞又斥资千万，建起了民办学校，让员工的孩子可以免费上学。同时设立了医疗基金，为员工解决一部分因生病支付的费用。

海底捞河南焦作店曾经有个来自四川的员工，她因为家境贫困不得已放弃学业，来海底捞工作。刚到海底捞工作的时候，因为受不了高强度的工作累哭过很多次，但最终还是咬牙坚持了下来。

她在海底捞一干就是 3 年，因为工作忙，3 年都没有时间回家陪父母，最后是海底捞给了她尽孝的机会。"海底捞每年都组织优秀员工的家长去海南旅游。今年公司通知我，这次名额是我的！我马上给老爸去了电话，电话那边一直嘟嘟的，我的心都快跳出来了，老爸你怎么还不接电话呀？'喂？'听到老爸的声音，我的眼泪不听话地往下流。'爸，你听我说，我们公司安排优秀员工家长到海南旅游，也有你们。你和妈妈一起去吧！'刚开始爸爸不同意，怕花我的钱，我说公司报销。爸爸妈妈去了海南，第一次见到海。我好开心，更开心的是爸爸妈妈要来焦作看我，公司把车票都订好了。"

类似这样的故事有很多，虽然这样做的终极目的是提高顾客满意度，并转化为实实在在的营业额，但这种以人为本的价值理念，让原本处于社会底层的海底捞员工感受到了自身的价值，做起事来也会更加卖力，最终达到双赢的效果。

有人问张勇，你当个老板怎么当得跟保姆一样？至于对那些员工那么好吗？他们能给你带来回报吗？

张勇说："人心都是肉长的，你对人家好，人家也就对你好；只要想办法让员工把公司当成家，员工就会把心交给企业。"

张勇深知公平对普通劳动者有多重要。从小辣椒到海底捞，"公平"一直是他做事的底层逻辑。海底捞的员工大多来自农村，公平对他们而言更加难得。如果他们能在海底捞感受到公平，就真的愿意把海底捞当成第二个家，甚至会为了这个家拼命。

招商银行职工监事王万青在给各级支行行长培训时，说过类似的一句话："各级管理者，首先是人力资源管理者，你们要考虑员工的心理和压力，考虑如何优化流程，如何优化劳动组合，倾听员工的心声。"

潘洋曾在北京大学光华管理学院读研究生时，为了真实体会海底捞服务员的感受，在海底捞做过一段时间的服务员，对海底捞的整体印象中，有一段写的是在海底捞找到了家的感觉：

想想家都有哪些特点？例如，大家彼此熟悉，生活习惯和生活方式差不多；尊敬长辈；不会事事分工明确；每个人都希望这个家更美好，为了自己的理想和家人的幸福而打拼。

这些感觉，在海底捞都能找到，让我有点儿乐不思蜀。在我实习的这家店，不少员工有家人或者亲朋好友在一起工作；即使没有亲人也会有老乡。生活和语言习惯接近，不会让你感到身在异地的孤单。即使你只是一个普通的员工，如果想家了，只要条件允许，店长都会准假。等你成为优秀员工，公司会把你的父母接到北京来玩，一切费用公司承担。这里每个人都会给你亲人般的温暖。天气冷了，会有人熬姜汤；晚上回来迟，宿管阿姨会一直等你；过生日，会有人第一时间想着为你祝福……

在这里，大家会真心实意地互相帮助。我是服务组的，原则上不负责收拾桌子，刚来时我往往站在一边看传菜组人收拾。有一次，我被传菜组人教育了一通："你还在那儿站着，你看人家年纪那么大的阿姨都帮我们收……"这名阿姨也是服务组的，是顺手帮他们的忙。

我开始很难受，但心情马上就好了，因为他们语气很亲热，不是为了讨好那位阿姨，也不是真的让我帮他们做什么，因为这时阿姨已经离开，桌子也已收拾干净。我这时终于明白真正的团队是什么了——分工虽然明确，责任却不做区分，这不就是家吗？

在海底捞尽管只有短短一个星期，可是他已经让我很难割舍。从昨天开始，我不去上班了。晚上 10 点，突然感到心里很空，此时正是大家下班回宿舍的时候，拿出手机，想给师傅发条短信问候，突然收到一连串的短信，他们都来自海底捞——他们想我了！一位比我早些天上班的新员工说："是不是觉得太累了？没关系的，过几天就好了。"

在服务行业，基层员工的待遇和社会地位都很低。相比之下，张勇提出的"把员工当家人"的理念是领先于行业的。而作为第一个"吃螃蟹"的人，自然容易引来更多关注。亲情化管理让海底捞的服务更加"出神入化"，反过来海底捞也凭借亲情化管理和极致的服务突破了圈层。海底捞的故事被大家口口相传的同时，越来越多的人知道了海底捞，无意中为海底捞打响了知名度。相当于张勇把用于广告投入的钱花在了员工身上，却产生了更深远的影响，让海底捞的翻台率从此一骑绝尘。

给离职员工送"嫁妆"

海底捞的工作很辛苦，有的员工会因为坚持不下去而离职。但这些离职的员工出去一圈后，还是愿意回到海底捞。有个员工坚持了一个月离职了，后来他收到一条来自海底捞的短信："以后无论想回海底捞，还是想加入其他餐饮公司，我们可以为您免费找工作。"

彼时，他正和另外两个离职的伙伴一起找工作，辗转南京、苏州、东莞等多个城市，兜兜转转半个月，花光了身上的所有积蓄，找工作的事依旧没着落。就在他非常无助的时候，收到了海底捞发来的微信，"问我在哪里，过得怎么样，不行的话还让我回去，我瞬间就泪崩了"。

最后3个人又全部回到了海底捞，"对比了一下，很多地方的吃住待遇和海底捞差太远了"。

大家都知道海底捞推崇感恩文化。海底捞的店歌《携手明天》，就反复强调知恩图报，尤其是"怀着家人的期望，时刻发愤图强，带着母亲登长城，终有一天会实现"，这些看似简单朴素的愿望，对很多人来说算不上什么，对海底捞的工作人员却极具鼓舞性。

海底捞店歌《携手明天》充满了"感恩"元素：

唱着同样的旋律，共创美好的明天，怀着同样的梦想，时刻发愤图强，为了飞跃成长，为了创业而坚强，心连心，一起度过艰难，手拉手，分秒并肩作战，创造奇迹，拥有梦想，知恩图报，双手创造未来。

带着同样的目标，共创美好的明天，怀着家人的期望，时刻发愤图强，带着母亲登长城，终有一天会实现，心连心，一起渡过艰难，手拉手，分秒并肩作战，创造奇迹，拥有梦想，知恩图报，双手创造未来。

海底捞在招聘员工时，不看重文凭。但有一点是非常看重的：这个人是不是孝顺父母，是不是知道感恩。这个看似简单的标准，其实会把很多人拦在门外。

一个善良孝顺，又懂得感恩的人，人品一定不会太差。来海底捞应聘的员工大多来自社会底层，他们的父辈辛苦一辈子没过上好日子。在农村长大的他们与家人之间的情感联系是非常密切的，从小受环境和认知观念的影响，他们做不到独善其身，他们渴望通过自己的努力改善家人的生活，让父母安享晚年。

既孝顺又知道感恩的员工，内心想要"让家人过上好日子"的愿望会更强烈，自然也比一般人更能吃苦。只要海底捞能够给他们提供机会，给他们平等竞争的平台，他们就愿意承受海底捞的工作强度。所以海底捞招人时，孝顺是非常重要的一条。

黄铁鹰教授讲过一个例子，海底捞备受关注的那些年，很多行业都在学习海底捞，连首都机场都想学海底捞的服务。有次他受邀给首都机场讲课，正当他为讲什么发愁的时候，恰好想起此前他出差路过机场看到的一幕：机场的捷运车上，有个做清洁的工作人员用脚踢着一块纸片，直到乘客上了车，都没有弯腰捡起来；等乘客下车后，他继续前面的动作。车上的外国乘客对他的行为仿佛已经司空见惯。据说首都机场第三候机室，是目前世界单体最大和设备最先进的候机室，候机室的设计和装潢让每个体验过的国人都感到自豪，但工作人员的态度却像一盆冷水，瞬间浇灭了自豪。

从机场工作人员对待工作的态度和他身上无意中透露的优越感，

黄铁鹰教授判断那位工作人员可能是家里至少有房的本地人，他没有生存压力，即使没了这份工作，对他也不会产生很大影响。

从那个脚踢纸片的青年人脸上可以看出，他应该是个城里人，很可能还是个住在大城市里的人，因为他有大城市人那种特有的矜持。从他的年龄可以看出，他一定是在家里受宠的孩子。

一个"80"后，出生在大城市的独子，一出生嘴里就应该含着把金钥匙。为什么？因为他命中注定至少有两套大城市的住房，他父母会给他留一套，父母的父母至少还会给他留一套，这还没算他太太那边的。在大城市里有两套住房意味着什么？意味着一个人可以不用工作，租一套，住一套。

有这样背景的二十几岁的城市人，让他在大庭广众下做那种枯燥、单调和"不体面"的工作，同时还指望他能敬业，那无疑是让"铁树开花"。

所以，当首都机场让他提意见的时候，他提的建议是，为了国门的面子，机场的清洁工作不要找有车、有房、没有生存压力的人。

这就恰恰说明了张勇的智慧，一个背负生存压力，又强烈想要改变命运的外地人，能吃苦，有韧性。在海底捞，那些来自社会底层、想要改变生活现状，又心怀感恩的打工者，一定愿意放低姿态，怀着一颗真诚的心去做好服务。

海底捞的很多服务员都是员工介绍过来的，这些员工的关系，有夫妻、邻居，也有亲戚、朋友。对于这种招聘方式，很多人觉得匪夷所思。但在海底捞，员工并没有因为跟熟人一起工作就降低了效率，反而工作更卖力了。张勇说："这里就是一个大家庭，员工与员工之间就是兄弟姐妹的关系，很简单。"

有人问过张勇，什么是符合海底捞标准的人？

张勇说："标准很多，但原则很简单，就是不怕吃苦的好人。比如，海底捞的员工要诚实肯干，要能快速准确和礼貌地为客人服务；要能发现顾客的潜在需求，不仅仅只会用手。"

除了招聘中比较看重感恩的品质，海底捞在选拔和培养人才时，也更愿意培养懂得感恩的员工。据说，海底捞每当要提拔重要干部的时候，无论员工家住多远，张勇都会到员工家里去拜访他的父母和乡邻。这是极少有老板能做到的，这种举动对员工和家人来说都是非常有面子的事情，是海底捞亲情化管理和家庭文化的重要体现。

但站在张勇的角度，这样做最主要的原因，是考核员工的品质。一个人的职场形象可以塑造，人设可以打造，但只要见到父母、乡邻，一切就会回归本真了。

海底捞对懂得感恩的员工也不吝赞美。在海底捞内部培训中，袁华强报答老师教育之恩的故事被反复提及。有次袁华强被公司派去广州办事，无意中在街上发现了一种工艺品"竹字帖"，这种字帖在四川非常少见。袁华强想到有位曾教过他的老师很喜欢书法，他便毫不犹豫地买下了足足有20多斤重的"竹字帖"。一路背着"竹字帖"去深圳、北京、上海办事，在途中他还给其他老师买了包、项链等礼物。

海底捞希望员工懂得感恩，也在公司内部营造了一个感恩的环境和氛围。公司会真正践行感恩文化，比如前文提到张勇斥巨资修建学校，让来海底捞工作的员工子女免费上学，给优秀员工的父母发放奖金，替员工尽孝。

在海底捞还流传着一个说法，叫"嫁妆"。如果海底捞有店长离职，只要任职超过一年，公司就会给8万元的"嫁妆"；如果是小区经理（管理5家分店左右），就给20万元的"嫁妆"；如果大区经理要走，海底捞会给800万元的"嫁妆"，而800万元刚好是开一家新店的费用。

在张勇看来，做到小区经理以上的海底捞管理人员，要在海底捞辛苦打拼很多年，很多人在初入社会时就加入了海底捞，从不谙世事到结婚生子，他们将整个青春都献给了海底捞，这么多年他们只接触了火锅，如果离开海底捞他们也只会开火锅店。所以他鼓励离职的员工开火锅店，而不是堵住他们的生路。

张勇说："就像你说你的企业是公正的，但具体到高管要出去开个火锅店你就不干了，那不是瞎掰吗？首先，你们现在站在公司立场上，当有一天你要走了就不会这么想；第二，你想一个人在海底捞干了很多年，好不容易干到高管，现在要走了，他不干火锅能干什么？其他的他都不会干。为什么非要去堵他这条路？也许法律上确实该禁止，但干火锅的那么多，你不去竞争，干什么非要和自己人竞争？"

神奇的是，这个规定并没有让海底捞骨干出走，反而让他们坚持留在海底捞。而张勇的这种做法，也让大家看到了一个创业者的格局。

服务业基层员工离职率普遍比较高，一方面是受到传统观念的影响，员工和外界都认为服务员低人一等。得不到公司的重视、晋升通道狭窄、晋升速度慢也是重要的原因。有的员工辛辛苦苦干了很多年，本指望能升职加薪，却被空降兵取代，使得员工不得不离职另寻出路。这种情况在海底捞非常少见，张勇一直强调餐饮业最核心的竞争是人的竞争。海底捞很重视对员工的培养，有一套相对公平的晋升制度，几乎管理层的所有人都是从最基础的服务员做起的。

帮助"丑小鸭"逆袭

张勇说："海底捞发展的根本，从来不是钱，而是员工。在没有培养足够合格的员工之前，拿钱拼店数，是失去顾客，进而让海底捞品牌消失的最快死法。"

海底捞几乎所有高管都是从服务员做起来的，这些年轻人来海底捞之前都是社会底层的劳动者，学历不高，工作经验不丰富，找工作处处碰壁。而在海底捞几年后，他们中有的人可以独立管理几百人的团队，每年为海底捞创造几千万的营业额，成为同行愿意花百万年薪来挖的人才。

即便是管理能力没那么突出的员工，只要努力肯干，也同样会被认可，成为骨干员工，拿到不错的薪资报酬。

海底捞为这些想通过双手改变生活的普通人提供了机会和平台，更难得的是，海底捞愿意看到他们的成长。张勇会告诉员工，你只要好好干，我一定会提拔你；只要表现突出，就有机会从服务员、小客户经理、大堂经理，一直做到店长。事实上也的确是这样，海底捞绝大多数管理人员包括店长、经理，都是从内部提拔上来的。

海底捞最初招人不看文凭，所以员工很多来自农村，学历不高，但海底捞的员工并不觉得做餐饮没有前途、服务员是没本事的人才做的。他们中大多人都怀揣着一个梦想——有朝一日可以成为白天鹅。张勇也常常会跟他们说："你们的老板就是这么一步步成长起来的，我就是从技校出来的，我的成功你们也可以复制。"

海底捞有一个"天鹅行动"，各大片区的领导会集中在一起，讨论公司的重点决策，同时会为海底捞的"丑小鸭"们指定培养计划，陪伴他们成长，实现他们想成为"天鹅"的梦想。

据说这个计划来自张勇的一个梦，张勇还为"天鹅行动"写过一篇文章：

我是一只丑老鸭，当我还是一只丑小鸭的时候，我就梦想成为一只美丽的天鹅。很多年过去了，不管我怎样去努力都无济于事，唯一的区别就是我从一只丑小鸭变成了一只丑老鸭。绝望和自卑不断地向我袭来，侵袭我的身体，更啮噬着我的心灵，每天晚上唯有伤心的泪水伴我进入梦乡。在梦里我一次次地祈求蜕变，直到有一天，我在梦里遇见了美丽的天鹅女神。她轻轻地告诉我，其实有很多天鹅都是由丑小鸭蜕变而成的，只要你具备两个基本的前提：

首先，这只丑小鸭一定要有变成天鹅的愿望；其次，这只丑小鸭能找到正确的锻炼方法，如此持之以恒，一定能够收获成功。说完之后天鹅女神飞走了，消失了……我一惊，梦醒了，可我发现我真的变成了一只天鹅。

当我成为天鹅之后，我认识了许许多多美丽、善良的天鹅朋友。他们当中不仅有白天鹅，还有黑天鹅。我们很想帮助更多的丑小鸭变成美丽的天鹅，所以，怀揣着这样一个梦想，我们成立了一支"天鹅辅导小组"，致力于研究怎样才能将丑小鸭变成美丽的天鹅。

我们天鹅小组每个月的12号、13号、14号，都会飞到某一家"海底捞"去找到那些想成为天鹅的"海底捞鸭"，用我们自身的经历去帮助他们总结自己的优点和不足之处。因为我这只老天鹅多年以来还有一个梦想，那就是让成百上千的"海底捞鸭"都尽快变成美丽的白天鹅和黑天鹅。

张勇从小镇青年成为海底捞灵魂人物，经历过从"丑小鸭"到白天鹅的蜕变；杨小丽从初中毕业的农村女孩，到成为海底捞第一女副总，同样经历了逆袭。

杨小丽被招进海底捞的时候，除了做事勤快麻利，并没有太突出的地方，是张勇发现了她的潜力，逼着杨小丽学习，关键时候给她支持和信任，才让杨小丽的潜力得以激发出来。张勇对杨小丽有知遇和培养之恩，而杨小丽也没有辜负这份信任。她成了海底捞千千万万名员工的榜样，让同样来自农村的他们相信，只要努力拼搏，他们也可以凭借双手改变命运。

少年时期的阅读经历，让张勇拥有比同龄人更开阔的眼界，看问题的角度也更多元。张勇深知阅读和学习的重要性，海底捞不看出身和学历，却很看重员工的学习能力。出身无法改变，但未来是掌握在自己手里的。张勇也会指定一些书让包括杨小丽在内的海底捞的管理人员阅读，诸如《致加西亚的信》《性格决定命运》等。海底捞有一份员工必读书单，书单涉及个人成长与职场发展、人际关系、时间管理等方方面面。

此外，张勇还要求海底捞的管理人员每天写工作总结，学习电脑技能，逼着他们跳出舒适区。

每天的工作占据了海底捞员工的大部分时间，回到宿舍只想倒头大睡，谁还有心思去看书学习。所以对张勇的"附加任务"，当时很多人都不理解，只觉得张勇的做法让大家原本就繁重的工作更繁重了。即使要求进步的杨小丽也不例外，有次杨小丽打电话给张勇，一边哭一边说："张大哥，我真的干不来了，我不想做了！"

结果，她被张勇训了一顿："合资麻烦我来解决，生意不好，我们慢慢做。但是，你不想学习，不行！你这么年轻，你什么都能学会！"

当时，杨小丽20岁左右，就要带领几百人的团队在陌生的城市开辟疆场，因此，她经常因为压力大而产生想要放弃的念头。不过，张勇总有办法让她打消念头。在火锅店引入电脑系统收银、点餐之前，张勇就逼着杨小丽学习电脑技能。杨小丽花了30元买了一个键盘，央求餐馆旁边打字店的人教她打字。等打字熟练了之后，她又攒了 7000 元买了台电脑，还专门报了电脑班学习了一个月。

而张勇逼着员工学习的技能，在海底捞后来的发展中都起到了重要作用。比如，杨小丽等员工掌握了电脑技能，等海底捞整个公司连上电脑系统后，员工可以跟上公司发展的节奏，不会因此而淘汰。

作为被招进公司的第一个员工，张勇对杨小丽很严格，对其他员工同样如此。

2002 年，张勇就要求员工学习打字，大堂经理必须每分钟打 30 字以上，后来又提高到 40 字以上；他还要求大家写工作日记，很多没学历的服务员特别抗拒，但张勇态度非常坚决，学习这件事没得商量。

张勇还给管理层提出了一个更难的要求——小区经理必须学会开车，没有驾照不能做小区经理。对于在一线城市的海底捞的员工来说，坐公交、地铁都是一件很费力的事情，张勇的提议自然遭到大家的抵触，但是张勇决定的事情不会轻易改变，员工也只好硬着头皮学习。

不过随着海底捞的发展，张勇这些前瞻性的举措都发挥了作用，员工也开始明白他的良苦用心。一个大姐说："我初中学历，结婚又早，很排斥这些，如果不是张大哥一路逼着我们学习、进步，我现在还不会用电脑、不会开车，可能还是个后厨洗碗的服务员。是张大哥没有让我们被这个社会落下！"

"离开海底捞，我什么都不是！"这是杨小丽常说的一句话，现在来看有谦虚的成分，但更多的是感恩。杨小丽知道，即便如今她已是非常成熟的职业人，但她取得和做出的所有成绩和改变的背后，都离不开张勇和海底捞的支持。张勇在小饭馆发现了平凡的杨小丽，海底捞给杨小丽提供了成长的平台。对海底捞的很多人来说，张勇不仅仅是一个老板，海底捞也不仅仅是一个公司。这也是在离职率极高的餐饮业，海底捞离职率不足 10% 的原因。

这是一件双赢的事情，只是这样做一开始需要公司领导人投入很多时间和精力来培养员工，陪伴员工成长，而这种投入可能在短期内无法获得更多回报。所以，很多企业都不愿意培养员工，觉得等到员工成长了或技能熟练了，他们就会离开公司。企业领导认为员工在企业获得成长，是企业付给他们的额外报酬。甚至有公司如果给员工安排了培训，会跟员工签署协议，如果没有达到约定的工作年限，员工需要赔偿或缴纳培训费用。

一方面这与老板的格局有关，老板若目光短浅，就会盯着眼前的利益，看不到培养员工会带来的长远利益。另外，公司的用人模式不具备竞争力，所以无法留住成长后的员工。

张勇认为员工的成长，是员工应得的。作为老板，张勇身上最难得的一点是，他愿意花时间和精力去陪伴员工成长。这种眼界和格局是很多创业者所不具备的，他们没有耐心花时间去培养一个人，只是抱着"割韭菜"的心理，割一茬赚一茬。

殊不知这些成熟的职业人，也在其他企业经历了成长。如今已经训练有素的他们，随时都有离开的勇气和底气，可以为企业锦上添花，却未必能雪中送炭，如果有更好的机会出现，势必会毫不留恋地离开。

真正的高手都是长期主义者，他们对自己的商业模式有信心，也对员工有信心。相信今天的投入，会在将来的某一天迎来丰厚的回报。同时，他们也对自己有信心，相信自己有底气带领企业越做越好，而那时候用心培养的员工将成为企业最核心的竞争力，愿意与企业同甘共苦，就如同后来海底捞培养的很多管理者都成了餐饮业争抢的香饽饽，而在海底捞发展陷入困境的时候，他们成了冲锋陷阵的人。

除非员工品行存在问题，否则张勇从不放弃员工。海底捞后来的很多高管，如杨小丽、袁华强、林忆……他们在一无所有的时候来到海底捞，海底捞给予了他们耐心和信任。而这份信任最终成就了员工，也成就了企业。

每个人一生中可能有很多段职业经历，最难忘的却是公司见证和陪伴你成长的那段经历。在那段日子，一个员工的目标逐渐清晰，能力逐渐凸显，他们从稚嫩到成熟，这种情感上的联系是任何物质都无法代替的。

第五章

信任创造奇迹

对企业来说，只有充分信任员工，员工才能把公司的事当作自己的事。张勇的信任和授权激发了海底捞员工的工作热情，让他们把海底捞当成家，把海底捞的事当作自己的事。

信任可以改变一个人的命运。杨小丽能够在海底捞"逆天改命"，纵然离不开她自己的勤奋努力，更重要的是，她在职场中遇到了张勇这个"伯乐"。或许杨小丽也可以凭借努力在职场取得不错的成绩，但在重学历和文凭的就业市场，初中毕业的杨小丽很有可能被埋没。

百万年薪挖不走的员工

随着海底捞名气大增，包括袁华强、杨小丽在内的高管们却多了个烦恼——他们总是能接到猎头公司的电话，电话那头语气诚恳，开出的条件也非常诱人，不仅年薪百万还有股份。

不过这样的电话并不能让杨小丽、袁华强等高管动摇。他们会告诉猎头公司："你们别再打电话来了，不是钱多钱少的问题，我离开海底捞什么都不是，我不会离开的。"

因为在海底捞，他们拥有最难得的信任。如果没有这份信任，即使有通天的本事也施展不了。

海底捞刚创建的时候，张勇和其他几个合伙人一人多职，张勇在服务客人的过程中提出了很多特色服务。所以他非常清楚，海底捞追求的客户满意度其实是掌握在一线员工手里的。要让员工发挥主观能动性，自愿为客户提供个性化的服务，就要把员工当家人，充分信任他们，给他们权力。

在杨小丽还是服务员的时候，张勇就发现她是个好苗子，于是放下老板的架子将她挖到海底捞。等海底捞越做越好，准备走出简阳的时候，张勇将 21 岁的杨小丽派去西安店，让她管理 100 多人的团队，在陌生的城市开辟新战场。

这份信任激发了杨小丽的潜力，使她得以快速成长。也是因为这份信任，面对各种困难，杨小丽最先考虑的是公司利益。刚去海底捞西安店的时候，面对来闹事的几十个大汉，杨小丽满脑子都是"西安店投入这么多，不能让他们砸了"，带领海底捞员工和闹事者对峙，完全将个人安危置之度外。

美国学者弗兰西斯说:"你可以买到一个人的时间,你可以雇一个人到固定的岗位工作,你可以买到按时或按日计算的技术操作,但你买不到热情,买不到创造性,你买不到全身心的投入,你不得不设法争取这些。"

而争取这些,最有效的方式就是信任。因为人一旦被信任了,就会对所做的事情生出神圣的使命感和责任感。信任出奇迹,所谓的"士为知己者死",说的就是信任的伟大力量。

对企业来说,只有充分信任员工,员工才能把公司的事当作自己的事。张勇的信任和授权激发了海底捞员工的工作热情,让他们把海底捞当成家,把海底捞的事当作自己的事。

即使后来西安店出现管理混乱,几个月接连亏损,陷入入不敷出的窘境,张勇依旧选择信任杨小丽,他做出的决策是让合伙人退出,将西安店的管理权交给杨小丽,让杨小丽做事不受束缚。而最终杨小丽也没让张勇失望,西安店很快起死回生。

信任可以改变一个人的命运。杨小丽能够在海底捞"逆天改命",纵然离不开她自己的勤奋努力,更重要的是,她在职场中遇到了张勇这个"伯乐"。或许杨小丽也可以凭借努力在职场取得不错的成绩,但在重学历和文凭的就业市场,初中毕业的杨小丽很有可能被埋没。

在企业管理中,信任最重要的体现就是授权。在海底捞,张勇的签字权是 100 万元以上;100 万元以下由副总、财务总监和大区经理负责;大宗采购部长、工程部长和小区经理有 30 万元的签字权;店长有 3 万元的签字权。这种放心大胆的授权在民营企业中非常少见。

除了给管理层授权,张勇还给海底捞普通员工授权,海底捞员工有先斩后奏的打折权和免单权。在必要的时候,他们可以行使给客户送菜甚至免单权的权力。

海底捞员工曾在接受采访时谈起过如下行使权力的经历。

西安海底捞店的小李说:"一个顾客从洗手间出来,由于我个子低,接菜的时候把鸭血洒在客人身上，客人很不高兴。我马上找来干净的工服让客人换上，要把客人衣服送到干洗店加急干洗。客人看我急成那样，就说：'看你态度这么诚恳，算了吧。'我给客人擦干净后，看客人喜欢吃炸干馍，就送了一份干馍给客人。客人走时很满意。"当她被问到，把客人的衣服送去干洗店，这个钱店里会不会出时，小李说："我当时没想，但我知道肯定能出，至少店里出一部分，我自己承担一部分。"

当时还在西安海底捞二店配料房的小马说："因为工作失误，我把客人要的大份猪蹄配成小份猪蹄，客人发现后不满意。我一看单子，是我疏忽了，马上给客人上了一份大的猪蹄，并自己端过去跟客人承认错误。等客人快吃完时，我又特意要了一份香蕉酥，送给客人吃，再次希望客人能原谅我的过错。"

上海三店新员工小李说："我上班第二天，客人刚吃就在火锅里发现两根头发，我吓坏了，马上给客人换上新火锅，并送给客人两份拉面，客人没发脾气。"

北京三店的王欢说："我上个月是这样抓到一桌客人的，他们是4个大人两个小孩，6点钟吃饭，其中一个人5点就来等位。人来齐了，他们点了很多菜，我估计他们肯定吃不完，可是当时很忙，我忘了告诉他们可以点半份菜。锅子上来时，我看客人等了那么久一定很饿，就没有让他们重新点菜。但是我把单子交给厨房时，把他们点的肉菜都换成一份或半份。等菜上齐的时候，我问他们够不够，他们说够了。于是，我跟他们解释，那些肉菜给他们减了分量，他们很高兴。"

海底捞的信任文化是很多企业无法学习到的，这取决于创始人的个人特质。张勇的性格里有"轻信"的基因，年轻的时候，这种"轻信"让他吃了些亏。但当他的能力和智慧超过很多人的时候，当他更能洞察人性的时候，这种"轻信"已经不是盲目信任，是一种主动的选择。他选择信任海底捞的员工，员工再把这份信任化作工作热情。即使海底捞的工作强度大、工作时间长，很多人还是愿意去坚持。

让听见炮火的人做决定

在餐饮业有一个流传颇广的故事：海底捞牡丹园店刚开业的时候，生意很差，没什么客人。下午两三点钟，大厅就熄灯了。有一天，有位中年男子满头大汗地跑进大厅，对着门口的服务员着急地说："给我来碗面条。"

海底捞服务员见这位中年男子气色很差，心里琢磨他可能是低血糖患者，急需补充能量。但海底捞没有面条，去超市买又来不及。正当不知如何是好时，突然想到海底捞还有汤圆，于是灵机一动让厨房做了一碗汤圆。

汤圆端上桌后，男子虽然惊讶，还是很快埋头吃起来。吃完开始掏钱包。海底捞服务员说："不用给钱。"

男子很诧异，哪有吃饭不给钱的道理，看他坚持付钱，服务员就说："你生病了啊，做碗汤圆也是应该的，要不下次过来吃火锅吧。"

有意思的是，这位中年男子正是牡丹园店楼上证券公司的总经理，海底捞员工的做法让经理很感动。他回到公司后，立刻交代行政部门：将海底捞作为公司的指定餐厅，并且只有海底捞的发票才能报销。就是这样一碗微不足道的汤圆，让这家公司成为海底捞的忠实顾客，而这个故事也成为海底捞众多故事中的一个。

这个故事中，海底捞员工的善良让人感叹，但员工个人行为的背后其实离不开企业的信任和授权。如果没有授权，员工大概率不会自作主张拿店里的食材给顾客做汤圆，毕竟这件事很有可能费力不讨好；

遇到一个目光短浅的老板，还有可能会因为浪费了店里的食材而处罚员工。

因为信任和授权，员工才能在权力范围内随机应变，不仅拉到了顾客，还成为业界美谈，这碗成本只有几元钱的汤圆，为海底捞带来的价值完全超出了预期。

盛大网络总裁陈天桥说："信任是成本最低的管理方式，比方说一个员工报销车票，如果我不信任他，我就要找会计审核什么的。但是如果我信任他的话，我就立刻给他报销，他就可以去干更多的活，效率更高，成本更低。"

虽然也有极少数人利用这种信任，为自己谋取私利，但当一个团体已经形成相互信任的良好氛围时，利用信任谋取私利的人很容易为自己的行为付出代价。

海底捞的员工大多是来自异乡的打工者，在职场上，来自领导的信任对他们而言更为珍贵。而在海底捞，他们不仅比同行吃得好、住得好，还能得到公司的信任。人大都是知恩图报的，当员工感受到来自老板的尊重和信任时，自然也愿意把公司当成家，必要的时候会为守护好这个家拼命。

其实从张勇的早期经历来看，做了老板后能给员工大胆授权是很难得的。都说"一朝被蛇咬，十年怕井绳"，张勇早期创业时经历了很多次被骗，但在经历过数次被骗，需要他选择的时候，张勇还是选择了信任，让员工放手去干。这是张勇身上极为珍贵的特质，也是他的智慧之处。

西方心理学家奥格登在 1963 年进行过一项警觉实验，通过记录测试者对光强度变化的辨别能力来测定他们的警觉性，测试者被分成了 4个组：

A 组：控制组，没有任何激励，只是一般性地被告知实验的要求和操作方法；

B 组：挑选组，该组的人被告知，他们是经过挑选的，警觉能力最强，理应错误最少；

　　C 组：竞赛组，这一组的人被告知，最终会以误差数量来评定小组的名次；

　　D 组：奖惩组，这一组被告知，他们每出现一次错误就会被罚款，每次反应无误就发奖金。

　　最终哪一组的警觉性会最高呢？多数人可能会选择 C 或者 D，毕竟人人都希望赢得比赛，在竞争中胜出。但实验的结果是：经过测试，B 组警觉性最强。

　　这项实验充分说明了信任的重要性。薪资待遇确实重要，但单凭业绩考核能起到的激励作用有限，真正能激发员工热情的，让员工心甘情愿投入其中的，是授权，是信任。普通的激励措施只能雇用员工的双手，而信任才能雇用员工的大脑，授权则是最能体现信任的方式。松下幸之助先生说过，一位称职的管理者应该"只做自己该做的事，不做部属该做的事"。

　　但现实是，很多老板就喜欢把权力攥在手里的感觉，即使迫不得已给员工授权，也需要员工事无巨细地汇报。上有政策，下有对策，员工只好把大量的时间和精力都花在应付老板和汇报工作上，不去解决真正的问题。乍看每一步都有进展，工作氛围更是其乐融融，殊不知这种表面的繁荣最经不起推敲。

　　老板们"且用且疑"，员工们费力伪装。这样的氛围，不管对公司发展还是对个人成长都毫无意义。

　　有一个经常被用来启发管理者的例子：在自然界，老鹰会把自己的孩子逼向悬崖，以迫使胆怯的雏鹰学会飞行。由于担心员工不成熟而不敢放手的老板，也不妨反省一下自己，或许正是自己的这种"不放心、不放手"，才让公司养了一群永远也张不开翅膀的"雏鹰"。

　　信任的力量是巨大的，大多数人在被信任时，会选择拼命守护这份信任，会因为这份信任得到更快的成长，也会想办法去回馈这份信任，而企业也会因为员工的快速成长得到更好的发展。

被"雇用"了大脑的人

张勇说过，海底捞不能只雇用员工的双手，还要雇用员工的大脑。

要雇用员工的大脑，不仅要满足员工基本的生存需求，更重要的是信任、尊重和爱员工，这才是最难的。从海底捞的发展来看，经过亲情化的管理和授权等一系列的举措，为雇用员工大脑创造了必要条件。海底捞被传得"出神入化"的服务和海底捞员工的敬业精神便是"雇用"了员工大脑的产物。

所以，你会看到海底捞员工比同行更能吃苦、更有耐心、更能忍受顾客的坏脾气。海底捞员工夏鹏飞曾经用"麻将精神"总结海底捞员工的工作精神，这个说法后来被广泛传播。从四川走出来的海底捞，和麻将有着千丝万缕的联系，重点是这个总结确实非常符合海底捞那些兢兢业业的员工。

我们四川人都喜欢打麻将，我认为只要拿出一半打麻将的精神，我们各部门的配合就会无缝对接。我以前喜欢打麻将，现在没时间打了，但我经常想麻将与我们工作的共同点。

仔细想一想，其实打麻将包含了所有企业成功的精髓。任何工作都不是一个人单打独斗，要的是集体配合。比如，你坐在我对面，你洗牌时，牌掉在我脚下，谁捡？当然是我捡！因为早捡起来，早开局；早开局，我好早点儿赢钱。所以打麻将，不管谁掉了牌，都会有人尽快捡起来。

但在工作中呢，你做错了，凭什么我来帮你？你弄掉了，肯定你捡，跟我有什么关系？可是海底捞是我们的家，一个人做错了，实际上跟大家都有关系，那么我们为什么不能用打麻将的精神来工作？

打麻将的人从来不迟到，说好晚 8 点，可是刚到 7 点，3 个人就先到了。剩下那个人在路上，这 3 个人电话一顿催，快点来，三缺一！结果，平常舍不得打车，马上打个车跑来了，一看表才7 点半。第一句话，肯定是："不好意思，迟到了。"

为什么说迟到了？因为别人都比他早到。

另外，说好了12点收局，没到12点前，一定有人举手要求"加班"。"实在不好意思，今晚输多了，再打一圈吧？"打一圈就打一圈，你赢了别人输了，不打不好意思。所以打麻将通宵达旦是常事。而且，第二天很少有人抱怨自己又"加了一个夜班"。

另外，我发现打麻将的人从来不会抱怨工作环境。可是我们现在对生活和工作环境有多挑剔，什么宿舍空调太吵，洗碗时油太多呀，上班好累呀。你有没有见过打麻将的说，房子吊顶太矮，空调不够冷，桌子太脏的？

打麻将冬天捂着被打，夏天光膀子打；没桌子把纸箱子倒放，放上板子就是麻将桌，洗脸盆垫上报纸就是凳子，麻将打得照样热火朝天。来一个兄弟说要请下馆子，4 个人忙说改天改天。可是我们工作上能做到吗？做不到，但我们打麻将做到了。

还有一个我觉得神奇的地方，打麻将用手就能摸得出来是什么牌。九万与七万，六条和九条，多小的差别呀，居然能摸出来！为什么？因为打麻将的人用心了，用心的人学东西都能学进去，大不了慢一点儿，迟早会学会。我真佩服打麻将的人，那真叫用心来感受。

想想看，如果我们用一半的心感受工作会怎么样？

最后，我最最佩服的就是打麻将的人永远不抱怨别人，只从自己身上找原因。你有没有看到打麻将输了钱的人说："哎呀，龟儿子瓜分分，跟我打麻将简直是抢钱。"

输了钱的只会说："我好背。"上洗手间拼命洗手，回来后，在点儿好的人身上摸一把，再用别人的打火机点上一支烟，狠狠抽一口，但永远不会抱怨别人。

夏鹏飞的一段话，看似简单，却绝非纸上谈兵。没有经过真正的实践，没有切身体会，绝对总结不出这么简单明了的管理哲学。

为什么说海底捞员工是用打麻将的精神在工作？大家都知道，打麻将是一个集体活动，需要牌友间相互配合，喜欢打麻将的人无论刮风下雨，从不迟到，为了打麻将可以克服任何困难，一旦坐上麻将桌就变得极为专注，外界的声音都无法影响他们。而相互配合、不怕困难、极度专注是一个成功的企业必不可少的元素。

打麻将的时候，麻将掉在谁脚下，谁都愿意主动捡起来，因为只有捡起来才能更快地开始，才能早点儿赢钱。这种协作精神不正是工作中需要的吗？以海底捞为例，从门迎到服务员，从传菜员到厨师、收银、保洁、采购，每一个工种都不能独立存在，任何一个环节出现问题，都会影响到整体。

但在工作中，大多数员工愿意做好本职工作，却很少有人会"多管闲事"。因为大多数老板只是花钱雇用了员工的双手，他们不会去关注员工的成长，也不会真的信任员工，给员工授权。这样的结果是员工只会"各人自扫门前雪，休管他人瓦上霜"，完成应该完成的工作任务，按时领到工资，不会去关注公司发展的好与坏。

但海底捞的员工却是另外一种心态，大多数员工把海底捞的事当作自己的事。如果后厨上菜的时候发现服务员太忙，没有及时清理桌子，他们愿意帮忙收拾，清洁人员遇到点菜的客人，会带他去找服务员。就拿海底捞的传菜员来说，从厨房出去的时候是上菜，回来的时候也不空着手，他们会带回服务员撤下的火锅或者碗筷等，其他工种亦是如此。

海底捞高管谢英最开始在海底捞做员工餐，每次完成分内工作后，还会主动帮忙做三四项工作。本来可以早下班，但谢英经常多做几个小时才下班。她帮厨师切过菜，帮后厨洗过碗，也帮服务员发过毛巾，最终她也成就了自己。

喜欢打麻将的人，为了打麻将可以排除万难。在海底捞，遇到再难的事，员工也会想办法克服，不会轻易放弃。

还有一点，打麻将的人都很用心，时间久了对麻将的各种规则熟稔于心。差别很小的九万与七万，六条和九条都能摸出来！这也正是海底捞倡导的用心，顾客来过一次，第二次来服务员就能记住他们的名字，第三次就能知道他们喜欢吃什么。只要用心，没有记不住、学不会的东西。

最后一点，打麻将的人很少会去抱怨，输了牌通常也是自我反省，是不是哪里没注意、哪里轻敌了。正如夏鹏飞说的："我最最佩服的就是打麻将的人永远不抱怨别人，只从自己身上找原因。"

海底捞的发展其实离不开千万个基层服务员的付出，张勇最厉害的一点是他能让这些人主动投入。

作为管理者的张勇很清楚，是海底捞的所有人共同成就了海底捞，无论是谁，或哪个环节出现问题，都会导致海底捞发展受阻，而要减少这些阻碍，就得从源头入手，真诚对待员工，让员工带着打麻将的精神工作。都说海底捞的发展靠的是服务，其实服务背后的人，才是海底捞能在激烈的竞争中脱颖而出的关键。

让员工看见希望

海底捞员工愿意拼命工作，除了信任，还有希望。在海底捞，他们看得见未来。海底捞有一群同样来自底层的劳动者，他们从最基层做起，凭借努力奋斗实现了梦想，过上了体面的生活，成为大家的榜样。

如今已是公司董事的袁华强，初中毕业后为了省钱放弃上高中，去简阳读了中专。2000年毕业后因为找不到合适的工作，被学校推荐到海底捞，成为一名传菜员。即使从小在农村干惯了农活，海底捞每天的工作量还是让袁华强有些吃不消。

这里不得不提一下海底捞传菜员这个岗位，为什么有过农活经历的袁华强都吃不消。海底捞传菜员有一个称呼——飞虎队队员，有海底捞管理人员这样形容这样传菜员：他们最显著的特点是快如飞，猛如虎。每个人脚步轻盈，健步如飞。每到就餐高峰期，大厅里每张桌子上都坐满了客人，走廊上等座的更是熙熙攘攘，去大厅拿东西都怕撞到人，可这些飞虎队队员，两手托着一个大托盘，上面装满了菜，举过双肩，与耳相齐，身轻如燕，稳稳当当。

好在袁华强咬牙坚持了3个月，从传菜员转到了门迎岗。作为门童的袁华强工作积极，做事眼疾手快，除了干好自己的本职工作，还会帮助顾客解决问题，尤其是看小孩，很有一套。渐渐地，他和去海底捞吃火锅的客人熟络起来。

后来，袁华强做过会计，不久又做了领班，袁华强通过努力，很快就成为了店长。在店长的岗位上，他开动脑筋努力创新，在店里推广普通话和家政服务。

袁华强的出色表现为他带来了更多机遇，从传菜员一路做到大区经理，尽管中间因为遇到挫折产生过离开的念头，但他能从中总结经验，快速振作起来。不到 30 岁，袁华强就实现了人生目标，在北京买房买车，成为海底捞由"丑小鸭"逆袭成"白天鹅"的典型案例。

海底捞另一位高管谢英，因为原本打工的餐厅倒闭才误打误撞到了海底捞。刚开始，她从传菜员做起，后来做了员工餐厨师，再后来做到海底捞金牌小区经理，手下员工近千人。

在做员工餐厨师的时候，谢英半夜醒来都在琢磨怎么把菜炒得好吃，用谢英的话说，"人一用心，味道也变了"。后来谢英去做了服务员，没过多久就做了大堂经理。谢英在每个岗位上都很努力，为海底捞培养了很多优秀的店长。她培养的店长在培训其他新人的时候，也经常把她的故事作为案例讲给新人们听——一个 24 岁的农村女孩，如何逆袭成了海底捞高管。

还有杨小丽、林忆等人，他们逆袭的故事听起来就更振奋人心了。正因为他们和海底捞员工同样来自社会底层，经历相似，自然成了海底捞员工心中了不起的榜样。他们的事迹激励着海底捞的员工，让海底捞正在奋斗中的员工相信，靠双手可以改变命运，海底捞高管们的今天，会成为他们的明天。

张勇说："在我看来，每个人都有理想，虽然他们中的大多数人来自农村、学历也不高，但他们一样渴望得到一份有前途的工作，希望和城市居民一样舒适体面地生活，他们也愿意为追逐梦想而努力，用双手改变命运。我要让他们相信：通过海底捞这个平台，是能够帮助他们实现这个梦想的。只要个人肯努力，学历、背景这些都不是问题，他们身边榜样的今天，就是他们的未来。"

第六章

双手改变命运

　　张勇最初创立海底捞的时候，是为了改善自己和家人的生活，为了能在城市买得起房，过上好日子。后来随着海底捞的快速发展，他改变了自己的命运，实现了从"丑小鸭"到"白天鹅"的逆袭。此时张勇的目标也发生了变化：在海底捞塑造一个公平、公正的环境，让勤劳肯干、善良诚实的人通过双手改变命运。

"优秀"是熬出来的

众所周知，海底捞的工作量很大。北大光华管理学院研究生潘洋，为了真实体会海底捞服务员的感受，曾去海底捞做了一段时间的服务员，总结了海底捞员工的 5 个挑战：工作时间长，工作强度大，员工反应速度要快，记忆力要好，要极度自律。

第一个挑战是工作时间很长。海底捞服务员每天工作近 12 个小时，每天早上 8 点左右就要到店里，打扫卫生、摆餐具，开始一天的准备工作。等做完准备工作，员工再分小组吃早餐。

等员工做完准备工作、吃完早餐后，就会开始上早课。接着便迎接一天的第一批客人，这个时间段需要员工高度集中注意力，打起十二分精神。一直持续到下午 2 点左右，中午用餐的客人陆续离店，此时海底捞服务员将迎来最期待的午休时间。

下午 3 点多午休结束，开始吃饭开会，一直到下午 5 点左右，客人们陆续到店，海底捞服务员们进入一天最忙碌的时刻，这种脚不沾地的忙碌一直要持续到晚上 10 点多，直到最后一桌客人离开，服务员们才能有时间狼吞虎咽地吃晚饭。如果遇到客人玩得正尽兴不愿离开，服务员也只能耐心服务。长时间的工作，是餐饮业员工频繁离职的原因之一。

第二个挑战是海底捞员工工作强度大。一个普通的服务员，每天的主要工作是：倒饮料无数次，为锅底加水无数次，为客人发围裙、手机套和橡皮筋许多次，跑吧台打单买单 20 余次，跑传菜房送菜单 10

余次……

这还只是工作时间不长的普通服务员，如果是传菜员，就餐高峰期必须和时间赛跑，一路小跑才能不耽误事。而经验丰富的标兵，在普通服务员的工作基础上，还要负责给客人点菜、盛汤、打沫子，耐心解答客人的各种问题，整个过程要保持高度专注。

所以，这些年轻的服务员，即便吃苦耐劳，一天下来也会两腿发软，根本没有多余的时间去社交，每天回到宿舍倒头就睡。

但海底捞员工的目标不是做普通服务员，而是先做优秀的服务员，然后再向领班、大堂经理靠近。因为他们去海底捞不仅仅是要养活自己，他们身后还有年迈的父母，他们承载着家庭的希望。大多数人希望在海底捞这个平台改变命运。

第三个是对反应能力的考验。除了适应高强度、长时间的工作，海底捞对服务员反应能力的要求也非常高。看到有客人进店，服务员要立即判断出他们是新顾客还是老顾客，是家庭聚会、朋友聚餐还是恋人约会。只有第一时间掌握了这些信息，才能用合适的方式跟客人打招呼。当新人看到客人只能机械地说出"欢迎光临"的时候，工作时间长的员工却能轻松地与客人谈笑风生。

张勇说海底捞不只是雇用员工的双手，更要雇用员工的大脑。海底捞鼓励员工用更合适、更自然的方式接待客人。让客人满意是海底捞考核员工的唯一标准，其中反应能力只是最简单的考验，当客人不满意时如何处理，客人提出意见如何作答，都需要服务员自己灵活变通。这就意味着海底捞的服务员不仅要能吃苦，还要有智慧。

第四个是对记忆力的挑战。在海底捞，要成为一个优秀的服务员，必须要有好记性。不仅要准确记得客人点了什么菜，还要记住每桌客人的各种需求。海底捞高峰期，一个服务员要同时兼顾几桌客人，这桌客人可能吃完了要结账，另一桌客人需要加水，就餐高峰期最考验员工的记忆力和反应能力。

这还只是基本工作，海底捞早课期间，管理人员会让员工回顾过去一周影响顾客满意度的因素。大部分员工都能流利作答，案例之详实、记忆之准确，让人感叹。比如他们会说："那天中午 4 号台那个胖子叫张哥，四川人，爱吃鸭血；杨哥爱吃切得很厚的土豆片；那天晚上喝多了的是某公司的副处长……"有了这些生动的特征和喜好，海底捞的服务员就能为顾客提供个性化的服务。

记忆力方面的考验对文化水平不高、没有经过系统学习的员工来说，并不友好。不过，在工作不忙的时候，海底捞员工间会通过一些方法训练记忆力。比如早晨做好准备工作后，旁边的同事可能会突然拿起预留牌，挡住上面的信息，问其他人：订座的客人叫什么名字？什么时间来？几个人？

第五个是对自律的挑战。海底捞员工在工作时不能带手机，不能接电话，不能随意聊天，不能在客人面前打喷嚏，打哈欠，伸懒腰。女服务员上班前要化淡妆，如果新来的服务员因为起晚了顾不上化妆，师傅就会提出批评。即便公司没有明文规定服务员必须化妆，但化淡妆成了海底捞服务员默契的行为，因为这样跟客户交流更有自信。

即便如此，海底捞员工离职率依旧很低，为什么这些员工不愿意离开海底捞？就是因为他们相信，在海底捞"双手改变命运"不是一句空话。不管是传菜员、门迎还是服务员，只要足够努力，就有机会做到领班、大堂经理、店长，甚至是高层管理岗。

双手创造美好未来

2004 年，张勇提出，海底捞的价值观是"双手改变命运"。

张勇知道普通劳动者的无奈。他很清楚来自农村的打工者真正需要什么，这些输在起跑线上的农村打工者，不怕苦、不怕累，但他们缺少一个公平、公正的竞争平台。

张勇最初创立海底捞的时候，是为了改善自己和家人的生活，为了能在城市买得起房，过上好日子。后来随着海底捞的快速发展，他改变了自己的命运，实现了从"丑小鸭"到"白天鹅"的逆袭。此时张勇的目标也发生了变化：在海底捞塑造一个公平、公正的环境，让勤劳肯干、善良诚实的人通过双手改变命运。

张勇给员工授权，让他们有发挥才能的平台，为企业带来发展的同时，使他们通过努力过上理想的生活。而他自己则把主要精力放在公司战略及更大的决策上。有人形容张勇是"甩手掌柜"，张勇却说："我认为很多公司的老板们的定位错了，他们的目标是赚多少钱，员工们都是给老板打工的。我如果是这种定位，也不会给员工那么多权力。但是如果将企业定位成一个平台，在这个平台上大家通过劳动改变命运，那么我们对一些别人看来很严重的事情就会觉得无所谓，对一些别人看来无所谓的事情，我们会看得很严重。"

海底捞有个员工出身十分贫寒，上学的时候因为没钱交学费，只好出来打工，后来经过亲戚介绍来到海底捞工作。还在学生时期她就很羡慕那些能穿新衣服、有新课本的同学。来到海底捞工作后，她终于实现了自己赚钱的愿望，可以用工资给自己买新衣服，每月还能存下不少钱。

她说："父母虽然没有给我富足的物质生活，但给了我一双手，一双可以改变命运的手。我在海底捞一边工作，一边学习，我相信我可以用双手改变自己的命运，因为海底捞给了我目标，给了我空间，还给了我学习和生活的条件。我会好好在海底捞实现我的梦。海底捞的生活虽然苦，但我很充实。它让我有目标，让我有上进心，让我有干劲。我不怕苦，所以，我希望海底捞的每一个员工都跟我一起拼搏，一起努力，一起实现自己的梦想。"

受文化水平和个人能力等因素的影响，大城市能提供给农村打工者的就业机会非常少。在海底捞，他们开始相信，即使无法决定出身，仍然可以凭借双手创造属于自己的未来。

在海底捞，不看出身、不看年龄，只要肯吃苦，努力上进，都有机会得到重用。很多员工不甘心一辈子困在故乡，接受命运的安排。他们背井离乡来到大城市打拼，希望有能力改变自己的命运，却因为学历和能力受限，求职之路曲折又无奈，最终成为不被大城市接纳的外乡人。海底捞的很多举措让这些外乡人感到温暖，同样是服务员的工作，在这里他们看得见希望，有盼头，只要足够努力，就能被看见。

张勇说："我们招员工基本上是这种情况，就是能来的，只要你身体健康就可以。而且从我个人来讲，我是非常反对年龄歧视、相貌歧视的。他要想过渡到领导岗位是需要层层过关的，所以我们不是靠面试这一关，我们是看你到了店里以后，能不能由一个实习服务员升到二级，二级升到一级，一级升到标兵、劳模；你是不是能升到这个位置上去，你要升到这个位置上才能够进入我的视线范围。"

张勇为什么不聘请高学历人才，而是要花费大量的时间和精力去培养农村员工？其实从公司发展的角度来看，这也是一件双赢的事情，海底捞员工的工作强度很大，员工如果没有想要改变命运的强烈愿望，很难受得了这份苦。就像北京机场的那位工作人员，没有背负生存压力，自然也不愿意为五斗米"弯腰"。海底捞的员工不一样，他们非常需要一份谋生的工作，如果还能有机会改变命运，自然会更加珍惜。

另外，餐饮业管理者需要对一线工作非常了解，需要有很强的实战经验。高学历人才学习能力强、悟性高，自然也不愿意放弃更轻松的职位，从服务员这样的基层工作做起。但餐饮业真正缺的是有实战经验的高管，海底捞的高管都是从服务员一步步培养起来的，这些实践经验是理论知识无法弥补和替代的，这也是海底捞的优势所在。这也是为什么海底捞的员工成长为高管后，会被那么多企业投来橄榄枝。

公平就是多劳多得

2010 年，张勇看了一部电影，是姜文演的《让子弹飞》，因为姜文独特的个性和创作才华，影片被赋予了一种很特别的气质，人物的设计和互动也很过瘾。

但对张勇来说，让他印象最深刻的是姜文饰演的张牧之到鹅城后说的话："我到鹅城只做三件事，第一件事是公平，第二件事还是公平，第三件事依旧是公平。"说完他掏出枪，放了三枪。电影里地主为了挑战张牧之的公平理念，陷害他侄儿，说他侄儿吃了两碗粉只给了一碗粉的钱。

张勇简单地理解为：公平，就应该是吃一碗粉给一碗粉的钱，吃两碗粉给两碗粉的钱。这是《让子弹飞》告诉张勇的。但那时候张勇发现，海底捞并没有做到这一点。

在海底捞的不同发展时期，张勇定过三个不同的目标：第一个目标，把海底捞打造成一个公平、公正的平台，给农村来的打工者提供公平竞争的机会；第二个目标，让海底捞的员工可以通过双手改变命运；第三个目标，把海底捞开到全国，让更多人知道海底捞这个品牌。

其实这几个目标是互为因果、层层递进的。只有真的把海底捞打造成公平、公正的平台，那些来自社会底层，没权、没势、没学历的打工者，才能拥有公平竞争的机会——凭本事赚钱，通过双手改变命运。而对海底捞的发展来说，当越来越多的员工在这里获得成长，过上有尊严的生活时，才会有更多员工愿意在海底捞努力工作，把海底捞当成家，把海底捞的兴衰荣辱当成自己的事。

在海底捞，张勇要创造的公平、公正的环境体现在几个方面：首先把员工当家人一样，关注他们的衣食住行，让员工吃好住好；其次给员工提供有竞争力的薪资，让他们的物质生活得到保障；在此基础上，尊重、信任员工，给员工授权，帮助他们实现自我价值。

由于在这几个方面做得不错，海底捞加快了发展速度。2009年左右，海底捞翻台率就已经远超同行，当时其他火锅店的翻台率只有1～2次/天，而海底捞的翻台率已经达到了5～6次/天。随着翻台率增加，员工的工作量也大大增加。海底捞服务员每天的运动量近10公里，高峰期还要小跑上菜。

海底捞管理人员曾描述过他们工作的场景：

"一张桌子三道擦：头道，用桌刷，唰唰两下，抹布再绕桌子，残渣剩饭一扫光；二道，噌噌，要不了10秒，水渍油渍全完蛋；三道，刷刷刷，一条洁白的毛巾，从锅圈向桌边环绕过来；刚才还是脏了吧唧的桌子焕然一新。一眨眼功夫，毛巾在服务员手中翻了个跟头，用另一面去履行它最终的使命——让桌子光亮照人，这次是从桌边向锅圈环绕，还是那样迅雷不及掩耳，一瞬间像表演魔术一样，一张马上能接待客人的桌子准备好了。"

海底捞的生意好了，张勇很高兴，就问员工："你开心吗？"

员工回答说："很开心。"

但张勇发现，员工的工作量增加了，工资却没有提高多少。生意好了，最开心的是老板。如果员工没有获得相应的报酬，他们不会真正开心。从海底捞当时的薪资制度看，并没有做到张勇追求的公平、公正，"我们翻台率是5～6次/天，而隔壁店的翻台率是1～2次/天，他们员工挣500元，那我们员工起码应该挣到1000元才合理。但事实上，员工只拿到600～700元，这公平吗？"

这就意味着，海底捞的员工比别人多付出了几倍的劳动，只多挣了 100 多元钱。张勇意识到问题出在薪资制度上，现有的薪资制度不适合海底捞的发展，需要进一步完善。

后来经过反复验证，海底捞开始对员工实施计件薪酬制度。

计件薪酬制度规定：

从顾客进入餐厅到离开餐厅的整个过程中的每项任务（包括服务及食物准备），被详细计入员工工作量，与薪酬直接挂钩。

比如，前台服务员每接待一个客人能挣到 3.3 元，传菜员每传一个菜能挣到 0.2 ~ 0.4 元，这样使得在上菜高峰期，较为清闲的洗碗工、小吃房员工都可以去端菜。员工薪酬明确根据具体执行的工作量来计算，例如，服务客人的数量、清洗餐具数量以及送达的菜品数量。

实施计件薪酬制度后，海底捞人工成本上升了，2015 年 ~ 2017 年，海底捞的人工成本由 15.72 亿元增长到 31.19 亿元，占整个营收的比重从 27.3% 升到了 29.3%。

收入增加了，员工工作起来自然更有热情了。2017 年，海底捞委托弗若斯特沙利文咨询公司对海底捞 25 个省份的 74 座城市的 868 名员工进行了数字问卷调查。调查结果显示：84.1% 的参与者认为海底捞的扁平化管理架构有助于提高工作积极性；90.1% 的参与者认同海底捞的企业文化；85.1% 的参与者对海底捞的工作环境感到满意；82.9% 的员工参与者对海底捞提供的员工福利待遇（包括住房津贴和年假）感到满意。

海底捞的翻台率取决于顾客满意度，而顾客满意度则是由海底捞员工决定的。为了提高员工满意度，海底捞在很早之前就在不断探索行之有效的考核方式。

第七章

上下同欲，利益一致

在职场中，确实会有"教会徒弟，饿死师傅"的顾虑，很多人会觉得如果徒弟学艺有成，就相当于培养了一个强大的竞争对手，怕徒弟会抢走自己的客户和业绩，有人担心徒弟青出于蓝而胜于蓝，代替了自己的位置，抢了自己的饭碗。

所以，需要企业通过制度来规范人才培养机制，把培养下属纳入岗位职责，将"带好徒弟才晋升"和管理者个人业绩挂钩。如果不培养好接班人，就可能失去升迁的机会。这种晋升的方式会迫使"师傅"带出更多的"徒弟"。

柔性指标更有魅力

餐饮业属于劳动密集型行业，能否最大程度地调动员工的工作积极性，关系到一家企业的发展。其中科学合理的考核是激发员工工作热情的重要因素。

海底捞最开始在 KPI 考核方面走了很多弯路。有顾客说："你们火锅店的服务真好，我有个眼镜，他就给我眼镜布；我杯子里的水还没喝完，他就给我加满了。"后来海底捞的考核指标里就有了：杯子里的水不能低于多少，客人戴眼镜一定要给眼镜布，否则就会扣绩效分。

但这些硬性的考核指标，并没有达到预期的效果，反而让服务看起来很有目的性，弱化了服务中的真诚。自从开始考核这些细节指标后，不管顾客是否需要眼镜布，但凡戴了眼镜的顾客，服务员都送眼镜布。为了保证顾客水杯里有水，即使顾客说不需要了，服务员还是会坚持给顾客添水。

原本灵活个性化的服务因此变得死板，甚至闹出了不少笑话。因为考核指标中有给顾客套手机套，即使顾客不需要，服务员还是坚持要给顾客套上，甚至在被顾客拒绝后，趁顾客不注意给套上，因为不这么做就会被扣分。

张勇发现了这种考核方式的弊端，经过探讨，决定考核翻台率。原本以为这种间接的考核方式会收到不错的反馈，后来发现考核翻台率也存在很多问题：

我自作聪明地认为，那我就不考核这些具体的事情了，我考核一些间接指标。我不考核你赚多少钱，我就考核你的翻台率是多少。因为翻台率高就证明你的服务满意度高，翻台率高就意味着钱赚得多了。

结果有一天，我在北京一家店的电梯间里，听到一个四川人跟另外几个四川人讲："我要让你们见识一下在北京的四川火锅有多厉害，你不订座是绝对没位置的，你订了座晚去几分钟，也是没位置的。"

我就纳闷了，怎么晚几分钟就没位置了，这不是侵犯客户利益了吗？客户已经不满意了，这还怎么做生意啊？

后来一问才知道，原来问题出在考核指标上。因为预定客人不一定准点来，但现场还有客人在排队，空台等你的话，翻台率就少了一轮。

这下我崩溃了，我找不到考核的指标了。但是总得考核啊，后来我发现，一家餐厅好不好，我们其实非常清楚。

我们都吃过饭，都传递过这样的信息：这家餐厅不错。很多人根据这个"不错"去吃了，然后说"确实不错"，这个"不错"就形成了。没有什么指标，但是传递得非常准。

我发现，在餐饮行业里，柔性指标起决定性的作用。顾客满意度可能没办法用指标去描述，但是我们可以感知。包括人的努力程度也是，没有办法用指标去证明，但是我们的顾客、同事、包括去检查的人，都可以感知到。所以我决定，把所谓的KPI全部去掉，就只考核这一个指标。

怎么考核呢？一个副总组织一堆神秘人去考核。后来发现非常准，这样店长也没话说，你不能把差的说成好的。

我把所有的店分成ABC三级，A级是要表彰的，B级就在这儿待着，C级需要辅导。但是我不会扣你钱，会给你一定的辅导期，超过这个辅导期依然干不好，店长就要被淘汰。

为什么我号召餐饮老板用计件工资？

一是可以避免因管理者造成的不公。在美国，服务员是很努力的，一个小伙子可以看八张桌子，动作迅捷，还会跟你聊天、关心你。因为他们有小费制。

小费制整体不错，我给你服务，你给我付钱。而我们的管理是，我给你服务，到店长那里去拿钱。当管理幅度很小的时候，店长可以做到公平公正。但当人多起来的时候，店长就做不到公平公正了。这时候大家的动力、企业文化就会被破坏掉。

所以我决定，我来拿这个"小费"，给你按工作量算。在餐饮行业，我们引进了计件工资。我大量地号召餐饮企业的老板要用计件工资。

二是可以避免"非正式组织"的负面影响。计件工资就是干得多挣得多，表现好的就让他多干，这就避免了管理上的很多难点和疑点。

一个组织背后有非正式的组织力量在推动。有时候当你觉得一个员工表现好，你把他树立成先进的时候，对他其实是很大的"打击"。

我就见过这样的现象。一个员工使劲擦玻璃，其他员工在旁边聊天。擦玻璃的员工说："大家加把劲吧。"其他人说："你先进嘛。"那哥们一下就不吭声了。他可能拿了一点儿奖金或者奖状，但是他要承受这种"非正式组织"带来的无形压力。

"非正式组织"在其中所起的作用大到什么程度？我曾经见过一个小伙子，干得很起劲，干完自己的本职工作还跑到别处去帮忙。我说这是个好苗子，要提拔他。结果我们一个副总说，不用提，他已经辞职走了。

真相是这样的：吧台的小姑娘已经明确告诉他，"不要在这儿这么表现了，我已经有男朋友了"——他不是为了海底捞在奋斗，他是为了吧台的小姑娘在奋斗。

我想了那么多激励措施，做了那么多亲情化举动，还跟他们讲情怀和梦想。他们告诉我说，他们也都听得懂，但事实的真相不是这样的。

所以，我觉得有时候正式的东西和非正式的东西都要充分考虑到。计件工资避免了一些"非正式组织"的负面的影响。每个人干多少你就挣多少，这下就简单了。我们学了太多正式的管理方式，不能说它不好，但它的边界是很明显的。

经过长期实践和研究，张勇发现绩效考核应该是科学和艺术结合的产物。既不能一味地追求数据化，也不能完全放弃数据化。必须在两者间找到一种平衡术，否则就无法体现真正的公平。

在尝试了很多次不同的考核标准、闹了很多笑话后。张勇终于发现，考核员工的核心其实很简单，如果一家餐厅服务态度好、员工努力、顾客满意，那这家餐厅一定没有问题。所以，顾客满意度和员工满意度，这两个柔性指标才是考核的核心指标。

删繁就简，给组织瘦身

张勇曾经去阿里巴巴听马云讲过一个海上冰山图，冰山上面是"使命、愿景、价值观"这些看得见的内容；但真正支撑企业发展的却是冰山下面看不见的东西，除了行之有效的考评体系，还有与使命、愿景、价值观相匹配的管理方式。

海底捞分布在不同的国家和城市，每一个城市的员工都有不同的文化背景和不同的价值需求，因此对管理的需求自然也不同。基于此，海底捞提出"一手抓员工，一手抓顾客"的管理方法。

"一手抓员工"，即要一个一个地凝聚，因为每个人都有不同的需求。所以张勇提出"把员工当家人"，通过亲情化的管理把企业的发展和员工个人成长结合起来，让员工真正认可海底捞的企业文化。

"一手抓顾客"，即顾客要一桌一桌地抓，为不同的顾客提供个性化的服务，真诚服务好每一桌顾客，当顾客体验到超值的服务，感受到服务员的真诚时，才会真正认可海底捞。不能过度依赖一些营销策略抓顾客，让顾客蜂拥而至，然后很失望地走。

所以，只有提高员工满意度，才能提高顾客满意度。员工满意度的提高从某种程度上说明，"建立一个公平、公正的平台，给员工提供公平竞争的机会，让他们有机会通过双手改变命运"的目标基本已经完成。接下来的目标是把海底捞开到全国，让更多的人知道海底捞这个品牌。

但要让海底捞成为知名品牌是非常具有挑战性的事情，海底捞成立了几十年，而餐饮行业存在了几千年。在这几千年当中，无数同行都在想尽一切办法把它做好。你会看到一个奇怪的现象：除了几个国外的快餐店开遍全球，大多数的餐饮，日本菜、意大利菜、法国菜，包括中餐，很难有一个品牌是全世界都知道的。

对此，张勇认为：

> 餐饮行业是一个劳动密集型、低附加值的行业。它支撑不起一个现代化的管理体系——一个现代化的管理体系需要大量流程和制度来保证实施。而保证这些流程和制度实施，又得建立更多的流程和制度。
>
> 所以，传统的餐饮业组织结构的公司当然也就没有能力把品牌推向一个更高的高度。
>
> 为此，海底捞建立了师徒制、计件制。通过减少监督的流程制度，通过引入新技术，尽可能做到标准化。通过引入第三方机构，减少成本。
>
> 我们要改变组织架构，我们支撑不起这种层层管控的方式。有没有办法激励员工和店长自发努力工作？后来我们发现，其实可以做到。
>
> 做了组织结构变革之后，我们觉得，在未来，新技术的运用非常重要，我们在这方面抱有极大期望。因为餐饮行业的管理模式严格来讲是落后于其他行业的，在制造业，精细化管理、自动化生产已经用烂了，但是我们没有用到。
>
> 一家企业不能大而全，第三方服务机构非常重要。
>
> 几年前我意识到这个情况。因为我在中国以外的市场看到第三方服务非常强劲，比如供应链管理，很多餐厅依赖于第三方服务机构，包括日本、美国的市场都是这样。极端的市场中，法务和会计也都是外包的。
>
> 回到我的工作岗位之后，我发现我们的所有工作都是自己做。

我们建立了大量的职能部门，这些职能部门效率非常低下，因为它的利益跟整个公司门店发展不相关。

张勇认为，通过引入第三方服务机构、组织变革以及新技术的应用，他有信心把海底捞推向更好、更快的发展高度。

不拘一格降人才

张勇在简阳开小辣椒的时候，就已经意识到，做好餐饮行业，服务才是取胜的关键，而提供服务的却是海底捞的每一个员工。

所以在创业初期他就深悟海底捞商业模式的关键点，抓住餐饮行业的关键客户——员工。他认为让顾客感受到真诚服务的前提，是在一楼遇到的服务员愿意在海底捞工作，在二楼遇到的服务员也愿意在海底捞工作。

海底捞的服务被外界关注、被媒体报道后，很多企业都开始学习海底捞，海底捞很多特色服务也开始出现在其他火锅店。但他们发现，海底捞的流程可以复制，服务可以学习，海底捞的服务员却不能复制。所以即使学到了流程和制度，依旧达不到海底捞的效果。

这是因为海底捞"把员工当家人"，海底捞给员工发放高于同行的工资，还给员工授权，让他们能够发挥主观能动性。

海底捞一直在践行"平等主义"，从服务员到高管，从低薪到高薪。"海底捞"的管理人员几乎都是从底层提拔上来的。服务人员在这里能感受到尊重，他们的笑容发自内心，他们在提供服务时，其实也在努力改变自身的命运。

最重要的是，海底捞的晋升制度让员工看到了希望。在海底捞的招聘简介中很清楚地写着，任何新来的员工都有三条晋升途径可以选择：

1.管理线——新员工——合格员工——一级员工——优秀员工——领班——大堂经理——店经理——区域经理——大区经理；

2.技术线——新员工——合格员工——一级员工——先进员工——标兵员工——劳模员工——功勋员工；

3.后勤线——新员工——合格员工——一级员工——先进员工——办公室人员或者出纳——会计、采购、技术部、开发部等。

工龄、学历都不是招聘的必要条件，这种"不拘一格降人才"的模式，让那些没上过大学的打工者看到了希望，只要正直、勤劳、诚实，你的工作成绩就会被看见。

海底捞几乎没有空降兵，所有高管都是从基层做起来的。张勇说：一个好的组织，要能够自己产生人才。引进职业经理人当然是必须的，但如果我们总是依靠引进的话，那自己的员工怎么办呢？我愿意尽量把机会给内部人员。

对于专业程度高、不是内部人员轻易能学会的岗位，海底捞才会引进人才，但海底捞这样的岗位非常少，这么多年几乎不太从外面引进。

海底捞所有的店长都是内部培养的，连海外店长也坚持不从外面招。我们刚到美国时，美国的店长不懂英语；我们的店开到日本、韩国时，店长也不懂日语、韩语，顾客还是都在排队。刚开始我也觉得很惊讶，怎么排队，怎么沟通？答案是本地化，但店长是从海底捞自己体系内长出来的，这些店长可以在"师傅和师爷"的帮助下选择全球开店。

人的认知观念和思维模式会随着环境的变化而变化。当其他同行抱着解决温饱的心态工作时，海底捞的员工却相信"双手可以改变命运"。海底捞的晋升制度和激励制度激发了他们工作的主动性和创造性，他们比同行更用心、更努力。他们愿意真诚地为顾客提供服务，也因为顾客的正向反馈，他们感受到工作的价值。

所以在海底捞，不同性格的服务员都用自己的方式赢得客户的信任。不善言辞的人，可能会在大热天跑几里地买客户喜欢的冰淇淋，性格外向的可以跟客户愉快畅谈。在标准之外，每个人都在用心服务。同行是雇用员工的双手，而海底捞则是雇用员工的大脑，人一旦用心工作了，任何困难都可以克服。

张勇认为培养员工才是海底捞发展战略的基石。所以如何储备更多拥有海底捞思维的管理者和一线员工，占据了张勇绝大部分的精力。

海底捞不考核利润，张勇认为利润是客户满意和员工满意的结果。而且，影响每个店的利润的因素有很多，不是由店长直接决定的。如果把利润作为主要的考核指标，势必会让管理层以利润为先，忽略员工在工作中的创造性、自主性等因素，从而影响到海底捞的健康发展。

所以海底捞在考核店长时，主要考核的是客人的满意度和员工的工作积极性。企业考核什么，员工自然就关注什么，所以店长认真调动员工工作的积极性，员工用真诚赢得顾客满意。看似没有硬性的考核指标，却最大程度地发挥了员工的价值，最终转化为实实在在的利润。

不能"饿死"师傅

1999 年，海底捞第一次走出简阳在西安开店的时候，所有人都充满了期待，张勇把得力干将杨小丽派去西安。对杨小丽来说，这是一次难得的机会，也是莫大的荣誉。

后来，杨小丽克服重重困难，让海底捞在西安生存了下去。海底捞在西安开出了第二、第三家分店，每当有新店开业的时候，海底捞所有员工都很激动。很多员工把海底捞的发展和自我成长联系在一起，他们觉得海底捞的发展速度决定了他们脱贫致富的可能性，即使是调走了最优秀的店长，大家依旧很开心。

但张勇发现，随着海底捞规模的逐渐扩大，情况发生了变化。当张勇再宣布开分店的时候，大家表面上鼓掌表示祝贺，但味道却变了，笑容不再是发自内心的。"当我们开上海分店的时候，消息一宣布，大家也鼓掌，但是这个时候的鼓掌跟几年前的鼓掌可就不一样了。"

对张勇来说，新店的生存和发展更有挑战，需要更优秀的团队。因此每次新店开业，都会从老店选拔新店店长。这就意味着师傅辛辛苦苦培养了徒弟，等到徒弟成长到足够优秀，可以独当一面时，就有可能被派去新的岗位，作为辛苦培养的师傅不但没有奖励，还要失去一个得力助手。

这不就是"教会徒弟，饿死师傅"吗？

张勇在 2000 年左右就发现了这个问题，他发现这又是一个和海底捞追求的公平、公正相悖的问题。如果教会徒弟的后果可能是"饿死"师傅，谁还愿意积极发现人才、无私培养人才呢？没有优秀的储备店长，对于像海底捞这样以服务见长的企业来说，就没法保持同样的服务水准，最终将影响海底捞的整体发展。

另一方面，培养店长需要长期投入，如果"师傅"培养"徒弟"的积极性降低，海底捞就无法突破开店的瓶颈。张勇意识到，这样下去海底捞的发展将大大受阻，他必须拿出一个两全的解决方法。

后来就有了海底捞的 "师徒制"利益分享机制：

被评为 A 级店的店长有资格成为"师父"，师父提名优秀"徒弟"店长。

徒弟的培养大致可以分为几步：

师父提名→培训及考试→担任至少餐厅内的 10 个职位→海底捞大学计划培训→升级大堂经理→成为储备店长

徒弟成功晋升店长之后，师父的个人收入与其徒弟、徒孙餐厅的营业业绩直接挂钩。海底捞为师父店长提供了如下两种薪酬方案：

A 基本薪金 + 自己管理餐厅利润的 2.8%

B 基本薪金 + 自己管理餐厅利润的 0.4%+ 徒弟管理餐厅利润的 2.8%~3.1%（视徒弟餐厅门店位置而定）+ 徒孙餐厅利润的 1.5%

开始实施"师徒制"之后，一个师父可以拿到自己本店的加上徒弟、徒孙店的税后利润合计 5% 左右。

这种分享机制解决了"教会徒弟，饿死师傅"的问题，提高了店长培养优秀储备店长的积极性。张勇说："95% 归公司，5% 归店长，对于我来说，这是一个非常合算的条件，对店长来说，他们也会比较开心。师父对徒弟店是没有管理权的。我们认为每一个店长有能力认识到什么叫好的海底捞门店，什么叫员工努力。"

到 2018 年，海底捞已经培养了 363 名店长、大约 400 名储备店长，为海底捞接下来的扩张做了充分准备。

除此之外，海底捞还制定了一套管理者培养人才的考核方法。总指标是：管理者能让 80% 的直接下属的能力在一定时间内得到提升，比如，一个小区经理管理 5 个分店，这 5 个分店都是二级店。如果在一定时间里，能让其中 4 个分店达到一级店，就说明管理者 80% 的直接下属的能力有了提升，因为这 4 个二级店店长成了一级店店长。

成为一级店店长，才有资格培养新店长，而店长才有可能成为小区经理，小区经理有可能成为大区经理。

在职场中，确实会有"教会徒弟，饿死师傅"的顾虑，很多人会觉得如果徒弟学艺有成，就相当于培养了一个强大的竞争对手，怕徒弟会抢走自己的客户和业绩，有人担心徒弟青出于蓝而胜于蓝，代替了自己的位置，抢了自己的饭碗。

所以，需要企业通过制度来规范人才培养机制，把培养下属纳入岗位职责，将"带好徒弟才晋升"和管理者个人业绩挂钩。如果不培养好接班人，就可能失去升迁的机会。这种晋升的方式会迫使"师傅"带出更多的"徒弟"。

第八章

忠诚度催生"变态"服务

　　那时其他火锅店最多只能提供流程化的服务，除了点餐甚至不跟顾客说一句话。而海底捞的这种服务完全颠覆了顾客的想象。"只打了一个喷嚏，服务员就吩咐厨房做了碗姜汤送来，把我们给感动坏了"。很多顾客都曾有过类似的经历，人们总是乐于去分享新鲜的体验，在顾客的口口相传中，海底捞渐渐被更多人知道。大众点评网北京、上海、郑州、西安的"服务最佳"榜单上，海底捞从未跌出前2位。

海底捞"现象"

2006 年 6 月 23 日对海底捞员工来说，是忙碌又特别的一天。200 名来自百胜中国的区域经理将聚餐地点选在了海底捞店。但他们的主要目的不是聚餐，而是学习海底捞的服务。彼时，海底捞凭借极致的服务已经在餐饮业小有名气，而百胜中国的高管们来海底捞聚餐就是为了观摩学习。

张勇用"大象向蚂蚁学习"来形容这些高管们此次的行动，毕竟当时的海底捞全部门店还不足 20 家，而百胜区域经理一个人负责的门店都超过了这个数。第二天，在百胜的年会上，张勇作为嘉宾分享了海底捞是如何提高员工热情的。

彼时，整个餐饮业服务意识并不强，但你进入海底捞任何一家店，都会看到这样一幅景象：大屏幕上不断打出最新的座位信息，等餐的顾客吃着水果，喝着饮料，享受着免费擦皮鞋和美甲服务，隔一段时间还有服务员过来嘘寒问暖，还没开始用餐，就已经体验了个性化的服务。

等到开始用餐后，服务员会为披着头发的女士送去皮筋；戴眼镜的朋友可以得到擦镜布；放在桌上的手机会被用小塑料袋装起来以防油腻，每隔 15 分钟，就会有服务员主动更换你面前的热毛巾，如果你带了小孩子，服务员还会陪着孩子一起玩耍，或帮忙喂孩子。

那时其他火锅店最多只能提供流程化的服务，除了点餐甚至不跟顾客说一句话。而海底捞的这种服务完全颠覆了顾客的想象。"只打了一个喷嚏，服务员就吩咐厨房做了碗姜汤送来，把我们给感动坏了。"
很多顾客都曾有过类似的经历，人们总是乐于去分享新鲜的体验，在
顾客的口口相传中，海底捞渐渐被更多人知道。大众点评网北京、上海、
郑州、西安的"服务最佳"榜单上，海底捞从未跌出前 2 位。

　　服务周到到几乎"变态"的海底捞，一时间成为业内关注的焦点。
2009 年，《哈佛商业评论》发表 "海底捞的管理智慧"，随后国内很
多商学院都开始讲授海底捞的案例。2011 年，黄铁鹰教授的《海底捞
你学不会》出版，这本书很快成为畅销书，很多不同领域的管理人员
掀起了学习海底捞经验的热潮，就连 IT 工程师和会计师都学习起了海
底捞经验，甚至连 MBA 课堂都将海底捞搬上了课堂。

　　IT 工程师经理欧阳易时说：

> 　　海底捞案例给我最大的启发，是如何调查客户满意度，以及
> 如何提高员工积极性。
>
> 　　海底捞案例给我的第二个启发，是公司应该鼓励员工创新，
> 给予员工成就感，从而提升员工的积极性。海底捞以员工名字命
> 名一项创新，这种精神上的鼓励比物质鼓励发挥了更大的作用。
> 海底捞员工在每天的总结会上都会讲述自己一天的成就感，他们
> 实际是在暗自比拼——比拼创新，比拼态度，比拼记忆力……这
> 种氛围产生了积极的效果，人人拥有成就感，人人则想超越他人
> 或自己。
>
> 　　通过海底捞案例的分析，我深刻地认识到两点：对于服务行业，
> 客户满意度应通过定性指标评价，经理人应面对面地向客户了解
> 满意程度；在知识力密集型企业，员工的积极性不仅取决于创新
> 和成就感，还取决于他对部门发展的参与程度。
>
> 　　我从海底捞案例中找到了一些适于自己企业的、共性的管理
> 方法。然而，战略和管理永远是具体的，是很难或者不可能被复
> 制的。因此，对于管理者来说更重要的是找到产品和服务的差异化，

摸索出适于自己企业的管理方法，就如同海底捞在火锅行业内采用服务的差异化，并摸索出自己特有的管理方法一样。

MBA学员王延伟说：

祖国上下，吃过的餐馆太多，服务好的也不是没见过，但感受这样的服务，而且所有这些服务理念从一个普通服务员嘴里说出来，还真是第一次。从服务员身上，确实折射出了海底捞的管理智慧，这些智慧是什么呢？从张勇那里我们知道，在开第一家店时，他并没有想到这么多，全都是凭直觉做事，这些管理方法是海底捞的团队十几年来一点一滴摸索和积累下来的。海底捞的管理者在决定每一项管理政策时，更多靠的是对人性的直觉理解，靠的是对农民工这个特殊群体的直觉理解，靠的是对餐馆服务员这种特殊工作的直觉理解，靠的是对成千上万不同顾客的直觉理解。这些简单直觉的背后，包含了他们对人生和世界的思考……

在张勇看来，顾客在海底捞感受到的标准化服务，只不过是因为他在一楼遇到的服务员愿意在海底捞工作，在二楼遇到的服务员也愿意在海底捞工作罢了。而海底捞要做的，是为顾客提供超预期的服务——满足的不仅仅是顾客说出来的需求，还有顾客还未说出口的需求。

"无声"的服务

人的心情会影响到胃口，如果心情好，食物自然也会变得好吃。相同的菜量和菜色，会因不同的服务而产生完全不同的效果。

张勇说："如果客人觉得吃得开心，就会夸味道好；如果觉得你冷淡，就会说难吃。服务会影响顾客的味觉！什么是好的服务？就是让客人满意。什么是更好的服务？就是让客人感动。"

很多顾客来餐厅吃饭，除了吃到可口的食物，还希望有美好的体验。在海底捞，顾客可以享受到标准化的服务：从等位开始，就会有人送上西瓜、苹果、橙子、瓜子等各种水果小吃；如果是夏天，还会送上冰镇豆浆、柠檬水、薄荷水等；女生能享受免费修指甲服务，男生可以享受到擦皮鞋的服务。

进店后，服务员会为顾客挂好衣物，送上热水，为女士提供绑头发用的皮筋；就餐期间，服务员要不时递上热毛巾，为戴眼镜的客户送上眼睛布，及时清理桌上的垃圾。

海底捞的卫生间也十分干净，洗手台上整整齐齐地放着棉签、皮筋、摩丝、梳子、护手霜等免费的洗漱用品。顾客才走到洗手台，一旁的服务员就帮忙拧开了水龙头。洗完手后，服务员会微笑着递上一张纸巾。为了让顾客有更好的体验，海底捞制定了一套完整的流程，从顾客等待就餐到顾客离店，都能体验到细致的服务。

这些标准化的服务让很多顾客记住了海底捞，但服务员如果只是照着标准化服务，每个环节都做到位，而不去了解顾客的喜好和需求，即使流程都到位，也无法真正打动顾客。

因为真正打动顾客的服务是基于标准化之上，走心且个性化的服务。服务员会根据顾客的口味和喜好，推荐最合适的锅底，并在合适的时候提供合适的服务。

在海底捞的整个发展中，其服务也在不断升级迭代，针对如何给顾客提供超预期的服务，海底捞高管总结了一些服务宗旨：

> 有客人到我们餐厅来就餐，我们就要给他提供服务，把客人要的菜品等快速地拿给客人，满足客人的基本需要，这才是我们一般的程序化服务。我们还要注意观察客人的其他需要，如客人要了酒水后，我们就要立即给客人拿倒酒水的杯子；客人要喝汤时，我们就要给客人拿来香菜等。
>
> 有些客人喜欢热闹，可以适当地与客人讲讲笑话，活跃气氛；有些客人不喜欢安排，服务员就要多用肢体语言，少说话，尽量少在客人面前走动；有些客人来就餐是进行商务谈判的，我们就要从客人就座位置上分清主、宾，在服务时注意主宾礼仪，多用肢体语言，少说话。
>
> 如果客人不需要服务时，服务员就要学会观察，不要为了应付检查而坚持打扰客人，引起客人的不满意。我们服务的过程中也发生过这样的事情，有些服务员在给客人发毛巾时，客人说过不要毛巾了，但服务员为了应付检查坚持给客人换毛巾，最后客人很生气。像这种情况，我们就要对这种服务员进行处理，他不是在用心给客人服务，而是为了应付检查、完成任务而工作。

在这种服务意识和管理模式之下，海底捞的服务越来越受关注，很多去海底捞吃过饭的顾客，都对海底捞超预期的服务印象深刻，很多人甚至慕名而来，只为满足猎奇心理：

> 网友A：朋友从外面进来，一进来就抱怨说刚才在路上被蚊

子叮了一身包，痒死了，不一会儿服务员竟然送来了药和风油精！我和闺蜜简直震惊了，问为什么是两种，服务员说下面的药膏是店员推荐的，说更好用。瞬间被圈粉。记得我上厕所出来，门口一个年纪有点儿大的阿姨两只手把纸递给我，搞得我还不好意思，真的有一种亲奶奶看孙女的那种家的感觉。

网友B：有次下大雨，从海底捞门口路过，门口大哥非要撑着伞送我到小区门口，还送了两块眼镜布让我擦眼镜上的水，而我只是路过。

网友C：我上次去还看到隔壁桌好像吃累了，服务员拿了一个抱枕给她，说可以靠着睡会儿，震惊。

网友D：上次去海底捞，点菜的时候朋友给我们讲了一句肚子痛，结果吃着吃着，小哥就送了一锅姜汁可乐，告诉我们是后厨特地煮的，从此刷新了我对海底捞服务员的看法。

网友E：有次去吃海底捞，和女朋友闹别扭，两人都是冷漠脸，服务员拼了个果盘，上面是笑脸，还有沙拉酱写的"不要生气"，一转头就看见那个服务员温暖又羞涩的笑容。成都好吃的火锅那么多，我和女朋友还是喜欢去海底捞。

随着餐饮业的快速发展，标准化的服务已经不能满足顾客的需求。顾客需要的是有温度、真正需要的服务：如果你点的菜太多，服务员会善意地提醒你已经够吃了；如果随行人数太少，他们会建议你点半份；同行的人里如果有孕妇，海底捞的服务员注意到后，会特意送一盘泡菜给孕妇；如果听到客人无意中说，特别喜欢店里免费的某样小吃，客人临走时，可能会收到服务员打包的零食。这些服务不仅让顾客满意，还带给他们感动。

在竞争激烈的餐饮市场，能做到让顾客满意已然不易，而海底捞在标准化服务的基础上，根据不同顾客的特点，为每个顾客提供针对性、个性化的服务。这种超预期的服务是员工用心工作的结果，是"雇用"了员工"大脑"的产物，也是海底捞的服务被顾客认可的关键，这是很多企业学不到的精髓。

永远比别人多做一点儿

海底捞员工都知道，张勇曾经提出"客人是一桌一桌抓的"。

其实还有另外一个意思，即每桌客人都是一个生活圈子，不同的人，就会有不同的圈子和饮食习惯，有不同的服务需求。比如，有的喜欢有人随时在旁服务，有的则喜欢自己涮菜；有的喜欢拌好的调料，有的喜欢自己调味。

所以海底捞的服务员会比别人多想一步，多做一点儿。也正是因为如此，餐饮业有很多关于海底捞的"传奇"故事，这些故事加深了外界对海底捞的好奇，也让这个品牌被更多人知道。

有一次，海底捞上海分区的包房里接待了一个家庭聚餐。在这家人吃饭的时候，海底捞的服务员发现，女主人很喜欢吃萝卜丝，把盘中用来点缀菜色的萝卜丝都吃光了，在绝大多数餐馆，服务员不会去关注这种细节，即使注意到了，也不会采取什么行动。但海底捞的服务员发现这个问题后，立刻招呼后厨准备了一盘萝卜丝，接着又加入配料，调出了一盘凉菜。

服务员把这盘精心制作的凉菜端给了客人，望着这盘凉菜，那桌客人非常诧异，因为他们没点过凉菜。服务员就对女主人说："我猜您喜欢吃萝卜丝，所以专门调了一盘赠送给您。"

显然，这样的服务完全超出了客人的预期，客人非常开心，不仅吃完了萝卜丝，还用菜汤拌饭。一份成本不足一元钱的萝卜丝，让这桌客人成了海底捞的忠实粉丝。

相似的情况也发生在海底捞其他服务员身上。有两位来吃饭的客人因为一点儿小事发生了争执，气氛变得非常尴尬。若在其他的餐馆，这种时候肯定会选择多一事不如少一事。但海底捞的服务员没有袖手旁观，服务员小跑到顾客桌前，送上了一张贺卡和一支玫瑰。顾客看到后非常感动，之前的不愉快也消失了，还收获了一次愉快的用餐体验。

坊间还流传着很多类似的故事，比如，有位顾客吃完火锅在结账时随口说了句："你们这里怎么没有冰淇淋呢？"这话正巧被一旁的服务员听到了，她二话没说就奔向了对面的超市。5分钟后，服务员气喘吁吁地拿着一只可爱多站在了顾客面前，略带歉意地说："不好意思，让你们久等了，这是刚从超市买回来的。"这位顾客自然受宠若惊，可爱多的故事也流传至今。

还有人去海底捞吃火锅，到店的时候已经过了海底捞的营业时间。正准备离开的时候，海底捞的服务员急匆匆地跑到他们面前，递上两个热乎乎的烤玉米，面带歉意地说："真是不好意思，我们已经下班了。你们先吃吃这些玉米吧，垫垫肚子。"

当顾客利益和餐厅利益产生冲突时，很多餐厅都会选择维护自身利益。但在海底捞，如果发生这类事情，员工会优先维护顾客的利益。海底捞员工说："只要客人对我们菜品有一点点不满意，无论是几元、几十元一份的菜品，我们都会想办法给客人更换或免费送给客人，甚至还会免单。虽然当时我们损失了几十元或几百元，但是我们换来了顾客对我们的满意，换来了这桌顾客长久的消费。"

美国著名推销员乔·吉拉德曾总结过"250定律"。海底捞这种不放弃任何一位顾客的思维，和乔·吉拉德提出的"250定律"不谋而合。

乔·吉拉德认为每一位顾客身后，大体有250名亲朋好友。如果赢得了一位顾客的好感，就意味着赢得了250个人的好感；相反，如果得罪了一名顾客，也就意味着得罪了250名顾客。乔·吉拉德提出的这个定律有力地论证了"顾客就是上帝"的真谛。

在乔·吉拉德的推销生涯中，每天都将"250定律"牢记在心，抱定生意至上的态度，时刻控制着自己的情绪，不因顾客的刁难，或是不喜欢对方，或是自己心绪不佳等原因而怠慢顾客。乔·吉拉德说得好："你只要赶走一个顾客，就等于赶走了潜在的250个顾客。"

必须认真对待每一个顾客，因为每一个人身后都有一个相对稳定的、数量不小的群体。

珍惜顾客每一次抱怨

很多去海底捞吃过饭的人，都会打心底里佩服海底捞员工的职业素养。即使面对再挑剔的顾客，他们也能面带微笑、妥善处理。他们真的不生气，言语也很真诚，也不是伪装出来的，是真心想为顾客解决问题。所以很多餐馆挖不到海底捞的管理层，就会去挖海底捞的服务员。

海底捞的员工是如何做到这样的呢？

一方面，受环境和海底捞的服务理念影响，海底捞所有的服务员对待顾客都很热情真诚，置身于这样的氛围，自然就会按照这样的标准要求自己。另一方面，海底捞会通过培训，为员工传授海底捞的服务技术，时间久了，海底捞的服务员就会对服务形成一种新的评价体系。

海底捞最看重客户满意度，如果海底捞的服务和食品达不到顾客的期望，顾客感到不满，直接结果是顾客不会再来海底捞吃火锅。

如果只是告诉员工，让顾客感到不满意，他们就不会来海底捞吃火锅，员工很难真正意识到这种行为带来的巨大影响。所以海底捞在培养员工时，会引导员工转变观念和想法，让员工意识到解决顾客抱怨的重要性。

餐饮服务人员难免会遇到挑剔的顾客，如果只是告诉员工，处理抱怨事关公司文化和员工工作素养，员工可能不太放在心上，甚至会产生都是一样的人，凭什么我就得忍受你的抱怨的想法。

但如果意识到解决顾客抱怨，会影响到薪资待遇，甚至影响公司发展，他们就会觉得这个事情很重要，会主动为自己做的事情赋予意义和价值，越是棘手的问题，解决后越能获得成就感和价值感。

所以，海底捞会通过培训让员工意识到，如果不能妥善处理顾客的抱怨，就会使海底捞失去一大笔生意。一般顾客如果在用餐时产生不愉快，他们的不满情绪没有得到妥善解决，下一次就不会再光顾这家餐厅。如果能及时发现顾客的不满并妥善解决，95% 的顾客还是愿意再次光临的。

所以，海底捞会让员工主动意识到抱怨是有价值的，关于抱怨的价值有多大？海底捞有一套计算解决抱怨的价值的方法：

　　　一位顾客一年的价值：
　　　A 行　一周平均消费额：30 元
　　　B 行　一位顾客的年均消费次数：×18 次
　　　C 行　计算一位顾客一年的价值：（A 行 ×B 行）=540 元
　　　其中，C 行数值是一位顾客一年的价值，并不代表失去这位
不满意顾客的总费用。

一般来说，不满意的顾客会对 10 个人诉说他们不愉快的经验。因此，失去一位不满意顾客的真正费用是此顾客的价值加上被告知这段不良体验的另外 10 个人的价值。一位不满意顾客的价值：

　　　D 行　一位顾客一年的价值（C 行）：540 元
　　　　　　乘以潜在失去的顾客人数
　　　　　　（一位不满意顾客加上十位被告知的顾客）：×11 人
　　　E 行　一位不满意顾客的潜在费用：=5940 元

显而易见，顾客不满的费用可能迅速上升，这就是为什么每天都要保证顾客满意。

假使你的餐厅每周仅有一位不满意的顾客，情况会怎样？每周一

位不满意顾客的年度费用：

> F 行　一位不满意顾客的潜在费用（E 行）5940 元
>
> 乘以一年周数：×52 周
>
> G 行　每周一位不满意顾客的潜在年度费用：=308880 元

每周失去一位不满意顾客的年度潜在费用，在 G 行已表明，但是……

顾客抱怨被满意解决的话，95% 的顾客会再来餐厅。

挽留一位不满意顾客所带来的年度价值：

> H 行　每周一位不满意顾客的潜在年度费用（G 行）：308880 元
>
> 乘以经过有效的顾客抱怨处理可挽回的费用百分比：×95%
>
> I 行　留住一位不满意顾客的价值：=293436 元

如果一直没有解决好一位顾客的抱怨，一年就要承受 308880 元的损失；如果妥善解决了顾客抱怨，就能够带来 293436 元的价值。通过处理顾客抱怨，及时阻止抱怨带来的不良影响，找到产生抱怨的原因，不仅让客户满意，还能防患于未然。

服务员是顾客经常见到的人，他们需要处理顾客的直接抱怨。当他们接受这种观念后，看待顾客的抱怨的角度也会不同，解决每一次顾客抱怨就能为公司挽回损失。大多数人即使产生不满情绪也不会说出来，只能体现在行动上：下回绝对不再来了。所以，当顾客抱怨的时候，其实是在释放对餐厅不满的信号；如果能及时捕捉这些信号，妥善处理抱怨，就能留住顾客。而这种抱怨反馈的信息对企业来说是非常有价值的，比意见卡等主动索取的信息更真实有用。

当员工真正意识到解决顾客抱怨的重要性，就会从内心认可自己的工作，即使对待顾客的抱怨，也能真诚耐心地去处理，因为他会觉得自己是在创造价值。

海底捞除了用直观的数据让员工意识到解决抱怨的重要性，也会模拟抱怨产生的场景：

> 1. 晚上高峰期，服务员请你处理一起顾客报怨。顾客说："他们在菜内发现了这个东西（顾客把钢丝球扔到了桌子上），我的嘴唇被划伤了，我担心你们的食品不安全。"
>
> 2. 你在上菜房，这时收银员满脸焦急地走过来："有个顾客大发脾气，他说给了我 20 元，我却只按 10 元找钱。我发誓他只给了我 10 元。他要见经理。"

模拟顾客抱怨的场景，让员工试着去处理，再由管理层指出合理和不合理的地方，最后找到更妥善的处理方式，下回员工再遇到类似的问题，就能沉着应对了。尽管没人喜欢麻烦和抱怨，但如果事先确定麻烦和抱怨能带来的价值，而解决麻烦和抱怨是在创造价值时，对待麻烦和抱怨的心态也会发生变化。

即便如此，海底捞的服务员也会有没有耐心的时候，他们能够妥善处理顾客的抱怨，但如果是同行来吃饭，还总挑毛病，海底捞的服务员也会发火。他们会认为都是服务员，凭什么我就得服务你，其实在他们的潜意识里并没有把同行当成真正的顾客。所以当服务对象发生变化的时候，解决抱怨就能创造价值的观念就行不通了。

所以，回到开头的问题，即使其他餐馆挖走了海底捞的服务员，也未必能达到理想的效果。一方面，很少有老板像张勇一样，做过服务员，清楚服务的重要性。另一方面，随着环境、评价体系等因素的变化，员工对自身工作的认知也在变化。在另一个环境里当服务员不能非常确信解决抱怨就是在创造价值时，他们就无法真正认同解决抱怨的行为。

让顾客满意是海底捞员工的服务宗旨。海底捞服务员会从客人的角度分析顾客的需要。他们对自己的定位不只是给客人端茶倒水、提供菜品等。当顾客利益与企业利益产生冲突时，他们能站在顾客的角度思考问题。或许会暂时失去眼前的小利益，但换来的将是顾客的信任和更长远的回报。

在其他餐厅，顾客也能享受到快速、准确地提供所需物品的服务，但是一旦客人利益与餐厅利益发生冲突时，一般餐厅都会优先保护自己餐厅的利益，这样顾客今天来就餐受到损失，以后就不会再去那个餐厅消费，慢慢地，餐厅就会失去所有的客人。

让顾客为自己尖叫

当我们回顾海底捞的创业史就会发现，海底捞获得胜利的最大法宝是服务。张勇误打误撞发现了服务的重要性，看到了服务带来的效益。

其实，真正的好服务是让顾客为自己尖叫。张勇知道顾客并不关心海底捞什么样，他们关心的是自己什么样，他们说喜欢海底捞的服务，背后的逻辑是：他们喜欢因为海底捞的服务，而产生好心情的自己。

举个例子，有人想请朋友吃火锅，好不容易找到一家火锅店，发现门口排着长长的队，没有等位区。好不容易可以吃饭了，服务员却拉着脸，非常不友好。结果是吃饭的过程非常不愉快，也就忽略了饭菜的味道。大多数人都会把这种不愉快的经历归结为自己判断失误。

相反，如果选择的饭店，刚到等位区就送上各种小吃，还没付钱就已经享受到了极致的服务，服务员礼貌热情，一顿饭吃完心情舒畅。大多数人会把服务员的周到和愉快的用餐经历归结为自己明智的选择，甚至会觉得服务员的热情是有针对性的，是自己身上的某些特质触发了服务员的真诚友好。服务员之所以热情友好，是因为自己值得享受真诚友好的服务。

所以很多时候，顾客说喜欢一家店的服务或产品，其实是喜欢在万千种服务中做了正确选择的自己。而某种服务或产品能获得成功，也只有一个原因，那就是它成就了顾客。尽管海底捞的服务员没有这些系统的知识，但他们确实用行动践行着这些道理。

没有人希望在别人面前展示自己的愚蠢无知，大多数人只会给最亲密的人分享不好的经历。但如果是美好的经历，恨不得所有人都知道。如果选择了一家特别好的店，吃到了一顿非常美味的饭菜，享受到了极致的服务，就会很乐于把这种体验分享给别人，在分享的过程中也顺便展示睿智的自己。

大多数餐馆只能做到客人就餐时提供好服务，但海底捞的服务员很注重"后用户体验"，除了服务好来用餐的顾客，他们还会分析和理解顾客的动机和诉求，为下一次提供更好的服务做准备。

海底捞有个服务员在接待客人时，发现其中有一桌客人在给一位孕妇过生日，这位服务员便吩咐后厨为顾客准备了生日礼物。后来她用休息时间，坐了两个小时的车，到顾客住的军区大院去看望。因为军区大院管得严，她又花了一个多小时，才把营养品送到顾客手里。

她说："她怀孕时来吃饭，我就服务过一次。当时我跟她说，你生小孩时我去看你。如果我不去，她就会想起海底捞失信于她。顾客很惊讶，她问我路上用了多长时间，我说就一个小时，我给她带了海底捞的两袋底料和我自己买的一盒补血的营养品，一共花了100多元。"

去过海底捞的顾客，都很乐意把自己的经历分享出去。于是很多人被这些传说中的"服务"吸引，慕名而来。有位顾客被海底捞的服务打动，给张勇写了一封信：

> 我是上海普陀区的一位市民，也是你们普陀区海底捞的常客。我们每次去铜川路的海底捞，来去出租车费要30多元。但是我80多岁高龄的母亲特别喜欢吃海底捞，她说，海底捞火锅店的服务，从门口的热情招待，到里面厕所的服务，都是上海一流的。更不要说服务小姐了，她们每次都让我们感受到一级服务的享受和家庭般的温暖。
>
> 昨天11月27日，我和母亲又叫了一辆车去你们铜川路店。我母亲又一次被你们店的薛永珍经理、高丽红小姐以及雷纯恩先生的热忱服务深深打动。他们不仅扶我母亲找座位，还扶我母亲

上厕所。嘘寒问暖，问我母亲吃什么、要什么。只要我母亲一张口，他们就动作很快地满足我母亲的要求。吃完饭，他们还送给我母亲一点儿礼物——南瓜和豆腐。我母亲高兴地回来后，就给我妹妹和哥哥打电话。而我哥哥和妹妹一定要我给你们写一封感谢信。

老板你真不容易，你知道你们员工对你的评价吗？

他们都说，老板对他们非常好，如果他们好心做错了事，你从来不会批评，而是跟他们好好说。哪个员工有困难，你也都会帮助。

老板你真了不起！员工能在你背后说你好话，那一定是你的善良把员工打动了。你能培养出那么多尊敬你、爱护你的员工，一定跟你平时的教育分不开。今天我提笔特意向你表扬薛永珍、高丽红和雷纯恩3名员工，以表达我母亲的谢意，鼓励他们继续这样工作下去。

大多数人关心的不是服务，而是体验这种服务的自己，如果深刻理解了这一动机，就相当于找到了金矿。

第九章

坐上火箭，也要稳中求胜

经过 21 年的平稳发展，一直到 2015 年，海底捞才开始加快步伐。此时张勇已经对"师徒制"进行了完善，匀速发展也让海底捞储备了粮草。所以一向主张稳中求胜的张勇，这才开始了海内外同步扩张。最直观的感受是海底捞门店数量快速上涨，2015 年，创立 21 年的海底捞还只有 112 家门店。到 2017 年，就扩张到了 273 家，营收总额从 57.57 亿元增至 106.37 亿元；年度利润由 4.12 亿元增至 11.94 亿元。

不打无准备之仗

在海底捞凭借极致的服务备受关注的时候，张勇并没有按一般的商业逻辑加速开店，乘胜追击。他不仅不从银行贷款，就连找上门的投资银行和私募基金的钱都不要。被问起为何不接受投资搞发展时，张勇说："用人家的钱，就要按照人家的计划开店，可是做生意跟做人一样，该吃饭就吃饭，该睡觉就睡觉，要的是一个境界。"

其实，张勇很清楚海底捞还没到扩张的时候，海底捞最核心的竞争力是人。但餐饮业能引入人才的岗位非常少，通过海底捞实行的轮岗制培养一个人才需要很多年，再加上当时"师徒制"尚未完善，海底捞的人才无法支撑其快速扩张。

所以，2013 年谈到海底捞的发展时，张勇说："5 年以后，海底捞有两种可能性。第一种可能是不行了，管理跟不上，肯定完蛋；第二种可能是活下来，那 5 年后一定面临国际化的问题。"

经过 21 年的平稳发展，一直到 2015 年，海底捞才开始加快步伐。此时张勇已经对"师徒制"进行了完善，匀速发展也让海底捞储备了粮草。所以一向主张稳中求胜的张勇，这才开始了海内外同步扩张。最直观的感受是海底捞门店数量快速上涨，2015 年，创立 21 年的海底捞还只有 112 家门店，到 2017 年，就扩张到了 273 家，营收总额从 57.57 亿元增至 106.37 亿元；年度利润由 4.12 亿元增至 11.94 亿元。

这一阶段，海底捞经历了比以往更快的发展，为了防止快速发展影响到管理及运营、技术、财务及其他资源的需求，海底捞对自身的管理体系进行了改善，建立了更扁平的管理体系。在这种管理体系下，店长对自己所管理的火锅店具有高度的自治权，总部负责食品安全、采购、增长策略等范畴及评估火锅店的表现。

2018 年 5 月 17 日，海底捞国际控股在港交所递交了上市申请，准备正式进入资本市场。2018 年 9 月 26 日，张勇与妻子舒萍、施永宏与其妻子李海燕 4 位创始人上台鸣锣，海底捞（06862.HK）正式挂牌港股。

开市后股价高开，一度上涨 10%，此后涨幅逐步收窄，收盘回落至发行价 17.8 港元附近，市值在千亿港元下方跌宕。彼时成立 24 年的海底捞年营收已破百亿元，2017 年净利润接近 12 亿元。

> 对于外界的好奇，张勇在接受财新网采访时给出了回应：
>
> 上市并没有准备那么多年。也就在去年 11 月的某一天，我睡一觉起来，突然决定要准备上市。其实我有很多想法并没有特别的起因。以前对上市不太热情，是因为我没有找到更好的复制海底捞的方法。我感觉现在是找到了，这是第一；第二，海底捞的规模也到了一定程度。企业发展到一定规模，一定会走向资本市场。
>
> 我们产生店长的速度在加快。我是担心将来发展资金不够，现在市场虽然不大好，但既然是决定了的事情，我就不想再拖时间。而选择港股，是因为港股上市餐饮企业较多，市场对餐饮行业比较了解。
>
> 这次 IPO，整体我们还是满意的，国际配售反响不错，机构投资者能够明白和理解，也认同海底捞的长远价值。当然，上市后，我们的压力也相应加大不少。

张勇说海底捞上市是在 2017 年 11 月的某一天，一觉起来突然决定的。其实早在 10 年前，海底捞就已经在为将来上市做准备了。在 2011 年出版的《海底捞你学不会》中，张勇谈起过对上市的看法和担忧：

海底捞出名后，很多投资银行的人找张勇要参股，要帮海底捞搞上市。

按常理说，一项生意不缺钱，没有必要让别人参股和上市。因为参股和上市就要把股份分给别人，好处是拿到别人的钱，坏处是把公司的股权让一部分给别人。

可是张勇也开始筹划上市了。

有一次我同张勇讨论上市问题，我问他："海底捞既然不缺钱，为什么还要上市？"

张勇说："上市可以促进公司正规化。"

我说："这一定是想帮你上市的财务顾问说的吧？其实，一个公司真要正规化，不一定非要上市。我知道餐饮生意现金收入多，因此餐饮行业瞒税很普遍。可是如果你不想瞒税，不需要用上市来逼自己呀。这等于一个人为了不犯罪，非要住进监狱里一样。

我估计一定还有财务顾问跟你说，上市可以提高公司知名度。可是你的海底捞还用上市提高知名度吗？你在谷歌和百度上的搜索都超过100多万，这比90%的中国上市公司都有名！"

张勇说："我总有一种无形的恐惧，我们海底捞是一个平民的公司，没有任何根基，没有任何背景，做到了现在这么大，而且会越做越大。生意越大，麻烦越多。如果我们是上市公司，碰到惹不起的人和麻烦，可能就多一层保护，至少上市公司的地位和社会股东也能帮助我们。"

真是不当家不知柴米贵！企业家的恐惧一般人体会不到。

张勇的担忧还不只这些。

从偏僻的四川简阳一路杀到北京和上海，张勇发现海底捞很有竞争力。于是，他的战略目标就变成了"要把海底捞开到全国的每一个角落，做中国火锅第一品牌"。

按照一般连锁经营的商业逻辑，目前势头这么好的海底捞要成为中国第一火锅品牌似乎不难，因为商业模式、管理团队、中央厨房、原料基地、物流系统和服务流程都已日趋成熟，只要有充足的资金或者通过加盟店的方式，就可以快速地扩张起来。

然而张勇却认为这事急不得，因为他有一块心病没解决。他认为海底捞的所有做法别人都可复制，只有海底捞的人是没法复制的，而这恰恰是海底捞的核心竞争力。

可是上哪儿找这么多海底捞的人呀？！千万不要以为都是农村来的打工者，都住在海底捞有空调、能上网和有人给打扫卫生的宿舍，就能干一样的活儿。一个人在海底捞可以干12个小时，还笑着说不累；另一个人干12个小时，就要愁眉苦脸逃跑了。一个人真相信在海底捞靠诚实肯干，用双手就能改变命运；另一个人则总是希望钻空子，走捷径。

从张勇以往的处事风格来看，张勇属于稳中求胜的行动派。尤其是对待上市这种关乎企业发展的大事，更不会打无准备之仗。在外界看来，海底捞是突然上市，其实准备已久。当时书中用了"筹划"二字，看得出在海底捞声名鹊起被资本追逐的那几年，张勇就已经将上市列入了发展计划。但张勇知道海底捞当时的人才培养模式和储备店长制都无法支撑上市后的扩张，所以后来的很多年，海底捞都在为这个目标努力，培养储备店长，改善管理体系，默默为上市蓄力。

什么是合适的时机

2018 年上市算是合适的时机吗？

2015 年到 2018 年，海底捞迅速发展的这 3 年，整个经济发展对餐饮业并不友好。原材料、人力、房租、能源成本均在上涨，整个商业大环境都不利于边际利润低的传统企业。

一向主张稳中求胜的张勇，为何会在资本市场趋冷、餐饮业发展不景气的时候，一反"初心"逆势上市？

张勇在采访中谈到过这个问题，因为找到"复制海底捞"的方法了。张勇所说的"复制海底捞"的方法到底是什么呢？

最关键的是海底捞解决了"人"的问题。张勇多次强调，决定海底捞开店的关键因素是人——是否拥有足够多的储备店长，决定了海底捞的扩张速度。在默默筹备的那些年，海底捞完善了"师徒制"，建立了"师徒制"利益分享机制，提高了店长培养储备店长的积极性。到 2018 年，海底捞已经培养了近 400 名储备店长，为海底捞接下来的扩张做了充分准备。

海底捞员工只有经历数年完成轮岗，通过一套严格的 KPI 考核体系，最终才有资格成为预备店长。这套考核标准非常严格，培养店长需要的时间也很长，所以才能培养出独当一面的店长，店长上任后不仅不影响海底捞的品牌，甚至还能锦上添花。但这反过来也限制了海底捞的扩张速度。

正因为这种高标准和严要求，海底捞培养一个储备店长需要花费大量的时间和精力，所以即使早期受到资本青睐，张勇还是选择低头做事，默默积蓄力量。到 2018 年，即使大环境对餐饮业并不友好，但海底捞已经做好了抵御风险的准备。对于做好准备的人来说，任何变化都有可能是机遇。

其次，一直以来的稳定发展和极致服务带来的顾客忠诚度，增加了海底捞的品牌自信。很多新店开业前期要投入大量资金，而收回成本的时间不确定，导致企业的人力、物力无法支撑快速发展，产品质量不能保证，因此出现亏损问题。海底捞凭借差异化的服务带来的品牌效应，积累了大量忠实顾客。另外，即使在快速扩张的过程中，海底捞也坚持不接受加盟，所有店铺全部直营。有机会开新店的人，基本都是海底捞内部 5 年资历以上的老员工。所以，尽管海底捞发展速度惊人，翻台率依旧喜人。

还有一个原因在于海底捞很早就开始了标准化的探索。2006 年，张勇开始筹备现代化的物流中心，用以支撑海底捞后续的扩张。如今，海底捞已建起北京、上海、西安、郑州 4 个大型现代化物流配送基地和一个原料生产基地，形成集采购、加工、仓储、配送为一体的大型物流供应体系。每天海底捞门店需要的各种食材都会在物流中心中经过集中清洗加工，再配送到各个门店。门店后堂只要对这些食材进行简单装盘摆盘和一些必要加工即可上桌。

由于复杂的烹饪流程，中餐很难做到标准化，所以扩张越快，餐厅的卫生、服务就越难保证。但在众多餐饮企业中，海底捞率先开始探索标准化，这为海底捞后来的发展奠定了基础。即便如此，仍有管理不当的时候。2017 年，海底捞就陷入了"卫生"罗生门事件。为此张勇上下奔波，亲自参与整改。好在认错态度诚恳、补救措施及时，最终才转危为安。

登顶新加坡首富

谁会想到，1994 年靠东拼西凑的 8000 元起家的小火锅店，24 年后会成为市值近千亿的巨大"蛋糕"，增值超过 1000 万倍。张勇也实现了"丑小鸭"到"白天鹅"的逆袭。

2017 年，彼时海底捞还未上市，张勇已经凭借 50 亿元资产成为胡润百富榜餐饮界首富，位居 2017 年胡润百富榜榜单第 825 位。

张勇夫妇是海底捞上市的最大赢家，招股书显示，张勇夫妇直接或间接持有海底捞股份约 33 亿股，约占总股本的 57.67%，按照 17.8元 / 股的发行价计算，这些股份市值 587.4 亿港元（约合人民币 514.2亿元）。

2019 年 8 月 29 日，《福布斯亚洲》杂志发布新加坡 50 大富豪榜，张勇首次入榜，挤下远东机构（Far East Organization）的黄志祥和黄志达兄弟，以 138 亿美元身家登上首富之位。

张勇曾经以出资额的价格从施永宏夫妻手里购买了 18% 的股份，不过海底捞在发展中几乎没有引进外部资本，所以施永宏和李海燕依旧是海底捞第二大股东。随着海底捞上市，施永宏、李海燕、杨小丽、苟轶群、袁华强、陈勇和杨斌等核心管理层都实现了财务自由。

杨小丽是海底捞的第一位服务员，曾与海底捞创始团队并肩作战20 多年，她见证和陪伴了海底捞的成长。在 2014 年前后，张勇将海底捞不到 10% 的股份给了杨小丽。在海底捞上市时，杨小丽持有海底捞3.68% 的股权，近 30 亿元，从简阳一名普通的服务员一跃成为餐饮巨富。

苟轶群是海底捞首席财务官，也是海底捞所有高管中学历最高的人。苟轶群原本是一名教会计的老师，海底捞落地西安后需要一名懂财务的员工，苟轶群就去海底捞做兼职赚外快，后来被海底捞的工作氛围和待遇吸引，从学校辞职，成了海底捞的正式员工。海底捞上市时，作为海底捞的首席财务官，苟轶群持股1.84%，市值约15亿元。

袁华强也因为海底捞上市实现了逆袭。袁华强来自农村，听说海底捞待遇很高，经由老师推荐到海底捞打工。因为勤奋踏实，袁华强很快从门童、服务员做到片区经理。海底捞上市时，袁华强持有海底捞1.38%的股份，价值11亿元。

此外，还有海底捞市场部总经理陈勇和采购主管杨斌，二人分别持有海底捞0.06%和0.04%的股份，价值5000万元和3300万元。

在海底捞这次造富盛宴中，张勇夫妇一骑绝尘，而分享果实的人并不多，原因有二：

一方面，在海底捞整个发展中，张勇一直坚持小步迭代，稳步发展，有多大能力开多少店，因此拒绝了投资人抛来的橄榄枝，自然也就没有外人来分享果实。

另一个原因和一直被外界关注的海底捞股权变迁有关。1994年，三次创业未果的张勇发现小火锅在成都很受欢迎，一心想着赚钱的他意识到了其中的商机。当年春天，他与死党施永宏和各自的女友凑钱在简阳开了家火锅店，张勇没钱，其他3人凑了8000元，4人各占25%的股份。

不过，随着海底捞的发展，张勇带头大哥的作用逐渐凸显，从决定成立海底捞，到海底捞开分店，走出简阳，每个重大决定都是由张勇提出来的。在这个过程中，张勇成了海底捞的领袖人物，尽管从最初的股权比例来看，4个人各占25%，不过从贡献和实际话语权来看，张勇无疑是海底捞的主心骨。

后来张勇相继让舒萍、李海燕、施永宏离开管理层，进一步确定了张勇对海底捞的实际控制权。所以海底捞的股权变迁史，也被外界视作张勇的"集权史"。

上市首亏，逆势开店

2020 年是不平凡的一年，年初的新冠疫情打乱了人们正常的生活秩序。对餐饮业人来说，这种影响更为致命，从 2020 年格外活跃的二手厨具市场，可以窥见无数餐饮人的心酸和无奈。

以海底捞、小龙坎为首的火锅行业也遭受了重创。根据窄门餐眼数据库统计，2020 年前三季度，全国火锅实体店总数约为 58 万余家，受到疫情的影响，在 2020 年 1 月后停业的火锅门店达到 96271 家。前三季度，火锅门店增长率约为负 1.13%。

2020 年第二季度，随着餐饮市场逐渐回温，吃火锅的人多了起来。到了七夕那天，由于来就餐的顾客实在太多，海底捞排号的界面进不去，当晚"海底捞排号"登上热搜。这种放在往年平平无奇的热搜，在 2020 年这样一个特殊的年份，对餐饮人来说却是鼓舞人心的信号。讽刺的是，这条热搜热度未退，同一天夜里，"海底捞上半年净亏损9.65亿元"的话题再次成为被关注的焦点。

门庭若市的火爆场面和上市后首次亏损的话题同时出现，也让外界对海底捞 2020 年的经营状况颇为好奇。2020 年 8 月 25 日公布的财报也证实了亏损的事实。2020 年上半年，海底捞集团实现营收 97.61 亿元，同比下降 16.5%，净利润由去年同期的 9.12 亿元下降至 -9.65 亿元，同比降幅超 200%。

海底捞的亏损不是没有迹象，受疫情影响，居家就餐成为主流。不仅是海底捞，任何一家火锅企业都在 2020 年面临着巨大的压力。

2020 年初，海底捞自愿暂停中国大陆所有门店的营业，直到 2020 年 3 月 12 日，才重新开放中国大陆地区大部分暂停营业的门店。开始营业后，继续采取人流管控措施，限制就餐人数。直接影响是，2020 年上半年的平均翻台率从 2019 年同期的 4.8 次 / 天减少到了 3.3 次 / 天。

客观来说，顾客没去海底捞就餐，翻台率减少是导致海底捞营收下降的原因。实际上跟海底捞在疫情期间的发展策略不无关系，面对餐饮业的整体萧条，一向主张稳中求胜的张勇却选择了加快扩张。

2019 年末，海底捞一共拥有 768 家门店。而到 2020 年 6 月 30 日，海底捞在全球一共拥有 935 家门店。去掉因疫情和其他原因关掉的 6 家，净新开门店 167 家。其中有 868 家位于中国大陆的 164 个城市，67 家位于中国香港、中国澳门、中国台湾及海外，包括新加坡、韩国、日本、美国、加拿大、英国、越南、马来西亚、印度尼西亚及澳大利亚等地。

海底捞不仅加快了开店速度，还在 2020 年上半年推出了超过 91 种新菜品，包括重庆牛油老火锅、斑节虾滑、黑椒风味滑牛肉、樱花慕斯蛋糕等。

早在 2003 年非典时期，海底捞靠外卖业务渡过了危机。2020 年疫情期间，海底捞继续发力外卖业务，2020 年 2 月恢复"安心送"及"无接触外卖"服务，上半年来自外卖业务的营收同比增长了 124%。

调味品和食材销售业务也是重点发力的领域，海底捞推出半成品菜肴等零售商品，上线自有平台及第三方电商平台销售，并且这一部分的营收出现明显增长，调味品及食材销售业务收入则增长 3.76%，贡献了 1.9% 的总营收。

疫情虽然是一场浩劫，但同时也孕育出了更多机会，推动着餐饮行业更快速的变革。对于海底捞在疫情期间的扩张，有人表示不解，在巨亏的情况下持续扩张，完全不符合张勇一贯的行事风格。

不过更多的人认为，疫情对餐饮行业造成了冲击，但也带来了机遇。股神巴菲特有句经典名言，"别人贪婪时我谨慎，别人谨慎时我贪婪"。在中国当前整体消费升级的大背景下，尽管餐饮市场目前处于萎靡状态，但只要走出这段时期，未来的发展必然是光明的。如今绝大多数餐饮业为平稳渡过疫情，保持现状，甚至关闭部分店铺。海底捞此时逆势开店，抢占市场份额，等到走出困局，未来的市场状态会越来越好。

但不容否认的是，随着开店密度不断增加，也可能导致同一区域下同店竞争的问题，这会导致单店客流下降以及降低门店经营效率等问题。

第十章

雷霆手段，铁腕"夺权"

对于海底捞的发展，张勇有更长远的打算、更全面的规划。开火锅店是他经过前几次创业，深思熟虑后做的决定，绝不能让它像小辣椒一样半途而废。

因为意识到目前团队的自由散漫会成为影响海底捞发展的最大阻碍，张勇决定召集大家开一次会。至少在公司经营发展的话语权方面，4个合伙人不能平起平坐，必须要有一个主要决策者。

张勇喊来其他3个人，召开了海底捞创立以来的第一次正式会议。他把自己的担忧和想法告诉了舒萍和施永宏夫妇。张勇提议由自己来担任店面经理，负责带领大家、规范各项流程制度。

海底捞的"确定决策者会议"

海底捞后来的股权变更，其实早在海底捞发展初期就埋下了种子。

海底捞发展初期，靠着真诚的服务摆脱了惨淡的经营，来店里的顾客慢慢多了起来。店里每天都有进账，大家也按部就班地忙碌着。海底捞4个合伙人，一个是张勇的女朋友舒萍，另外两个则是张勇的死党施永宏和死党施永宏的对象。大家彼此信任，在生意上不分你我。施永宏负责日常的采购和收银，每个月几个人一起对一次账，没有具体的账目清单，全靠良心。

张勇十分信任几位合伙人，他从不怀疑这个团队的忠诚度。但他首先察觉出来大家的状态存在问题。他发现来客人了大家就热情服务，等没人了几个人就聚在一起喝茶搓麻将，大家的紧迫感和危机感消失了，三位合伙人似乎对现状很满足。

这种"知足常乐"的状态是张勇不愿意看到的，火锅店才刚刚起步，如果几个合伙人都开始"岁月静好"，海底捞永远只能是简阳的一家小店，不可能走远。

而对于海底捞的发展，张勇有更长远的打算、更全面的规划。开火锅店是他经过前几次创业，深思熟虑后做的决定，绝不能让它像小辣椒一样半途而废。

因为意识到目前团队的自由散漫会成为影响海底捞发展的最大阻碍，张勇决定召集大家开一次会。至少在公司经营发展的话语权方面，

4个合伙人不能平起平坐，必须要有一个主要决策者。

张勇喊来其他3个人，召开了海底捞创立以来的第一次正式会议。他把自己的担忧和想法告诉了舒萍和施永宏夫妇。张勇提议由自己来担任店面经理，负责带领大家、规范各项流程制度。

对于这个提议大家并不能理解，一方面，几个人之间是朋友或情侣的关系，大家很享受有事了工作，没事了打打麻将、聊聊天的轻松氛围；另一方面，彼时的海底捞还只是一家小火锅店，连个服务员都没有，张勇的提议听起来有些小题大做。这个提议也意味着将打破大家已经习惯的工作模式。舒萍第一个表示不同意，结果被张勇训哭跑了出去，施永宏和女友都选择了沉默。

张勇看到大家的积极性不高，就给其他3位股东做出了一个承诺：用5年的时间把资产做到15万，如果做不到，我自己赔给他们。

在20世纪90年代，15万对这几个年轻人来说，是一笔巨大的财富，张勇的这个承诺把3位股东都吓住了，但是发挥了它的效果。

从海底捞后来的发展来看，张勇组织的这次会议很重要。这次会议确定了张勇在海底捞的决策者地位，也让海底捞摆脱了群龙无首的散漫状态。

在张勇的带领下，4个人的小团队充满干劲，为15万的目标而努力。当时，店里没有雇用服务员，大小事都是4个人亲力亲为，从购买底料、采购食材、炒料、洗菜摆盘到服务客人、打扫卫生……海底捞所有的活都是他们几个干，脚底被磨破、睡眠不足是常有的事。

尤其是海底捞的大管家施永宏，干起活来像个拼命三郎。为了保证食材新鲜，施永宏经常凌晨两点就起床，偷偷去观察给海底捞供货的商贩，看他们从哪里进货，进的货是不是新鲜。为了检验鸭贩说的话是否可靠，施永宏通常把手伸到鸭肚子里，试一试鸭子的体温。

张勇也感觉到久违的创业激情又回来了，最让他欣慰的是，海底捞的生意越来越火爆了。虽然比以前忙碌了，但他们发现每个月的进账多了，那是一种实实在在的开心。二十几岁的年轻人，最快乐的莫过于通过努力，让一切都变得好起来。这种快乐是"吃喝玩乐"这种浅层次的快乐无法比拟的，他们在海底捞找到了从未有过的充实。

其实这件事，能比较全面地体现出张勇身上具有"非凡"的特质。他勇于摆脱舒适区，去追求更大的挑战。和张勇一起开店的伙伴，是他的女朋友和他的死党，正是因为这样的关系，大家在一起工作的氛围轻松舒适，而当时火锅店已经平稳运转，完全可以维持日常开销。换作一般人，都会沉迷于这样安逸的生活，不愿做出改变。因为离开舒适区，意味着要面临未知的风险，承担更多的责任。

但张勇主动选择了挑战，积极寻求突破。不仅如此，他还要说服其他几个人和他一起去接受挑战，而他要为此付出的代价，是承诺其他人3年内赚到15万元。许下这种承诺对当时的张勇而言，需要很大的勇气和魄力。

但张勇很清楚，大家只是暂时被眼前的快乐绊住了脚步。施永宏、舒萍等人绝非不思进取之人，他们需要有人在合适的时候往前推一把。

而张勇愿意充当那个"幕后推手"，尽管在当时会有人不理解，但以后一定会明白他此时的决定。

最重要的是，张勇知道什么能够打动他们。对于家庭并不富裕的施永宏、舒萍、李海燕来说，他们和他一样都经历过贫穷，许下3年赚15万的承诺，既是打动他们的关键，也给自己这个"领导"追加了一份责任。往后别无退路，只能带着大家往前冲。这就是张勇的智慧，也只有他能带领大家走向更远的远方。

踢出海底捞，被夺"300亿"

张勇成为海底捞的发言人后，海底捞的发展有了明显的变化，公司发展的大事基本都是张勇说了算。看似是4个合伙人，其实主要话语权一直掌握在张勇手里，其他3个合伙人不知不觉中开始扮演执行者的角色。

因为在海底捞创立之初，4个合伙人各占25%的股份，在理论上4个人拥有平等的权利。所以张勇每次做决策，都要想办法说服其他几位股东。随着海底捞的快速发展，公司规模不断扩大，公司的结构更加复杂，海底捞面临着更加复杂的管理流程和发展战略，决策过程需要提速。海底捞想要成为一个现代化的企业，就面临着解决家族企业创业者天花板的问题。

2004年，张勇远赴欧洲8国考察学习，回来后，他开始着手整顿公司文化及人事问题。也是在这一年，在张勇的要求下，舒萍和李海燕先后退出管理层，只做股东。

舒萍和李海燕退出管理层，只是张勇整顿内部管理的第一步。2007年，在舒萍和李海燕离开公司3年后，张勇居然让他最忠实的合作伙伴，相识几十年的死党施永宏也"下岗"了。不仅如此，张勇还以原始出资额的价钱，从施永宏夫妇手中买回18%的股份，2007年，张勇夫妇成了占海底捞68%绝对控股的股东。

此举一出，外界哗然。

张勇对此解释是，财务顾问建议他作为公司有绝对控股股东有利于上市。但最主要的原因是，包括张勇和施永宏自己都明白，张勇认为施永宏的管理能力已不适应海底捞的发展。《海底捞你学不会》中有这样的描述：

> 同海底捞其他高管交流时，问过他们一个同样的问题："施哥走了，可不可惜？"他们给我的答复好像都被洗了脑似的一致："我们喜欢同施哥在一起玩，喜欢同张勇在一起干事。出去玩时，张勇的车里总是空的，而施哥的车里满满的。"
>
> 我问："为什么？"
>
> 他们说："施哥人很好，总也不发脾气，但有时没主意。跟张勇在一起很紧张，他对人很严，什么事情一旦不对，说翻脸就翻脸，不分场合地大发雷霆，一点不给人留情面！"

被最看重的合作伙伴、最好的死党"踢出局"，不能接受是人之常情。但施永宏在采访中说了一句话，"后来我想通了，股份虽然少了，赚钱却多了，同时也清闲了。还有他是大股东，对公司就会更操心，公司会发展得更好"。如果这些话放在现在说，并无任何特别。如今海底捞已经上市，施永宏身家几百亿，在张勇的带领下海底捞发展得越来越好了。但施永宏是在 10 年前说的这些话，不得不感慨他的大智若愚。施永宏当时有被迫"下岗"的怨气，但他和张勇相识几十年，相信张勇的能力，知道张勇会带领海底捞走得更远。创业九死一生，风险无处不在，当张勇享有更多的权力，也意味着他要承担更大的责任。

所以，在分更大的"蛋糕"和做更大的"蛋糕"之间，施永宏选择了后者。分更大的"蛋糕"，免不了一番斗争，甚至会有破坏掉"蛋糕"的可能。选择做更大的"蛋糕"，自己乐得清闲，等"蛋糕"足够大，分得自然也多了。

后来，海底捞的发展证明了施永宏的选择，承担了更多压力的张勇带领海底捞越走越好，2010 年，海底捞营业额近 15 亿元，拥有员工 1 万多人，年客流量约 2000 万人，翻台率维持在 4~5 次 / 天，一家旗舰店年营业额可以达 5000 万元左右。

2018 年 9 月，海底捞在香港上市，施永宏和张勇共同见证了这份荣耀，站在台上的施永宏依然慈眉善目，笑得憨厚。施永宏的身价也随着海底捞的上市水涨船高。2020 年 11 月，海底捞上市两年，施永宏家族以 827.4 亿元财富位列《2020 福布斯中国 400 富豪榜》第 33。13 年前，他让出了 18% 的股份，却在 13 年后成为中国顶级富豪。

最佳辅助施永宏

其实张勇让施永宏淡出管理层后，在其他方面还是给了他很多发挥的空间。施永宏在离开海底捞管理层之后，专注于火锅调料生产和研发，后来发展为颐海国际。

颐海国际最早成立于 2005 年，当时海底捞成立成都分公司，随后投入运营了第一条火锅底料生产线，给海底捞供应火锅底料。直到2013 年，颐海国际在开曼群岛注册成立为投资控股公司。

颐海国际其实是海底捞发展到一定阶段的产物，随着海底捞不断发展，对火锅底料的需求也在不断增加，要保证品质和口味的稳定，就需要建立自己的供应链系统。所以，当时成立颐海国际就是为了解决问题。施永宏说："用流行词来说是生态链布局，但我们当时做的时候，没有想到生态链，就是为了解决问题而独立的。"

作为海底捞独家底料供应商，背靠海底捞这棵大树，颐海国际的发展仿佛坐上了火箭一般。2016 年在港交所上市，比海底捞早了整整两年。2019 年，颐海国际收入 42.823 亿元，净利润高达 7.95 亿元，2020 年 12 月，市值超过 1000 亿港元。

施永宏当然没有真正"下岗"，张勇也清楚海底捞需要像施永宏这样对企业忠心的人，张勇的战略远见可以带领海底捞走得更远，但领头羊在指挥队伍、确定发展方向时，很难发现同行的队伍中谁受了伤、谁动了歪心思、谁跟不上队伍。

　　而经过 20 多年的发展，海底捞的部门和人员迅速膨胀，员工需求加大，新加入的员工很难快速理解和认同海底捞企业文化，各部门间的责任推诿和内耗，消耗着企业的活力。尤其是 2013 年后，随着海底捞的快速发展，质量问题偶有发生。2017 年 8 月，有媒体暗访海底捞北京劲松店、太阳宫店，在后厨的配料房、上菜房、水果房、洗碗间以及洗杯间都发现了老鼠出没，甚至有员工直接用火锅漏勺清理下水道。

　　施永宏以股东的身份巡视、建言，发现了海底捞在发展中存在的很多问题。从内审开始，他慢慢回归管理一线，将人力资源、工会、食品安全、法务部门一个个接手下来。

　　在施永宏主导下，海底捞财务部门独立出来成立了人力资源公司微海咨询；财务部门成立了海晟通咨询公司；工程部成立了工程公司蜀韵东方；中央厨房做成了蜀海供应链；原来的炒料部门做成了颐海公司。

　　有人说，海底捞枝繁叶茂的生态体系背后，是施永宏维持着这一庞大体系的协调与运作。据企查查显示，2020 年 12 月，施永宏任职 54 家公司，其中在 29 家海底捞体系内公司任职。

　　企业内部的控制权之争往往引起一阵阵腥风血雨，会让企业在不断内耗中错失发展的良机。施永宏的佛系与退让，让海底捞避免了无谓的纠纷，在海底捞发展中，张勇能稳坐指挥台，有很大一部分原因是施永宏在后方查漏补缺。

　　所谓一山不容二虎，如果企业创始人权力相当，面对重大抉择，谁也不肯做出让步，最后只能落得两败俱伤。真功夫潘宇海和蔡达标、罗辑思维罗振宇和申音，都是典型的案例。

　　潘宇海创立真功夫后，引进了其姐夫蔡达标。由于蔡达标后来离婚时，潘宇海和蔡达标各占 50% 股权，面对企业的各种决策，谁也不肯让步，蔡达标把潘宇海赶出了核心管理层，潘宇海后来揭发蔡达标挪用公款。几番争斗之后，蔡达标锒铛入狱，潘宇海大权独揽。看似胜负已定，实则两败俱伤，真功夫发展降速，融资不畅，上市遇挫，估值缩水，痛失好局。

曾一度被外界看好的罗辑思维黄金搭档罗振宇和申音，最终也因为股权分配问题而分手，罗辑思维的发展也受到影响。

海底捞的成功，功劳最大的当然是张勇，但与施永宏在关键时刻对领导权的平稳让渡也分不开。

施永宏和张勇的相处模式最早可以追溯到学生时期。两人在四川技校学电焊的时候就是铁哥们儿，那时候张勇并不是个安分的学生，他点子多，经常逃课，施永宏就负责帮他请假、抄作业，解决考试的麻烦。

其实早在学生时代，就能看出张勇和施永宏两人的小团体中，张勇一直是领导者的角色，而施永宏则是追随者。在没有任何利益牵扯的学生时代，施永宏并不排斥这种相处模式，愿意同张勇成为哥们儿，可见张勇身上有让施永宏欣赏的特质。

他们的这种相处模式也一度延续到张勇创业过程中，在开小辣椒的时候，店里生意很好，张勇忙不过来，施永宏就成了随叫随到的免费义工。每次下班后，施永宏就一头扎进张勇的麻辣烫店，帮忙招呼客人，一直到小辣椒打烊了才离开。从他们早期的相处经历可以看出，施永宏不仅愿意追随和帮助张勇，而且很多时候都不计回报。

施永宏自然也成了张勇创业路上最重要的伙伴。1994 年，张勇、施永宏、舒萍和李海燕一起凑钱创立了海底捞。张勇知道施永宏是实实在在做事的人。

海底捞早期遇到很多困难，施永宏从来都是全力以赴。海底捞创立之初，很多火锅店的鸭肠都是碱发的，施永宏想到碱发食品对人有害。所以他决定海底捞用新鲜的鸭肠。但新鲜鸭肠非常难找，施永宏不辞劳苦终于找到了，结果别人嫌麻烦，不愿意卖。施永宏就耐心说服卖家，最终他的执着打动了卖家，但对方要求施永宏自己抠鸭肠，所以很长一段时间，施永宏每天很早就要抠鸭肠。

有一段时间香菜价格很高，为了买到新鲜优惠的香菜，施永宏四处打听，他发现一个农民每隔两天就会拿几把自己地里的香菜来卖。掌握了卖菜的时间、地方，施永宏就去那里守候，第一时间买下他的香菜。

如果说在海底捞的发展中,张勇是海底捞面对大众的"A面",施永宏就是海底捞的"B面"。

一个雷厉风行,一个佛系退让。

中国人讲平衡,势均力敌通常两败俱伤,一退一进,才能保持平衡。或许施永宏很早就清楚这一点,他曾经在一档节目中分享了关于创业合伙人的理解:合伙人关系有点儿像跳舞,一个人进,一个人就要退,不然就要踩到脚。"当然一定会有踩到脚的时候,但是我们会随着这个节奏,把步伐调过来。"

很显然,张勇和施永宏的这支舞,张勇是跟着节奏尽情起舞,施永宏则随时根据音乐调整步伐,他知道张勇功底深厚,所以他只能尽力配合,否则这支舞就完不成。

审时度势、急流勇退,其实是一种大智慧,施永宏的"退"可能与他的性格有关,但我想最主要的是他知道"退"的价值。每一个在前面冲锋陷阵的主角,都需要一个在后方全力支持的辅助。海底捞能够成功上市,离不开张勇的智慧和领导力,也离不开施永宏的全力配合。

企业合伙人中多的是为了夺权两败俱伤的例子,但施永宏在海底捞快速发展时期,急流勇退,成就了海底捞,也成就了自己。

施永宏对张勇的感情是复杂的,施永宏说:"人的一生,会遇到很多贵人,我认为张勇夫妇他们俩,就是我的贵人。"但也有委屈,有人问他,"如果再创业会选择张勇当合作伙伴吗?"他说:"不会。"

第十一章

谁将是下一个张勇

　　关于启动接班人计划，海底捞后来在回应中还提到了一点：重点是把海底捞的人才晋升机制进一步强化，通过在各岗位的管理实践和长期的观察与判断，找到符合"爱海底捞、业务熟练，又能洞察人性"标准的领导接班者，继续承载公司发展的使命。而选拔机制立足于原有的 PK 制、工分制、预算制，极其重视转岗、轮岗、内部创业在选拔考核中的作用。

危机就是转机

随着海底捞的快速发展，面临的挑战也会越来越多。比如，前些年"辣"还是火锅的主流，如今随着大众健康意识提升，过于重口味的菜品受欢迎程度开始下降，更多的消费者开始追求健康、清淡的饮食，绿色食品、有机健康逐渐成为餐饮业看重的元素。而随着年轻受众逐渐成为消费主体，原来的菜品种类、锅底味道都将受到挑战。

另外，人才断层也是海底捞接下来要面临的问题。众所周知，海底捞开店的速度取决于储备新店长的速度。而培养一个新店长需要投入极大的时间和精力，快则 1~2 年，慢则 3~5 年。而火锅店的服务、管理等环节的标准化很大程度依赖于店长，店长的质量直接决定了火锅店的质量。

事实是，虽然海底捞非常重视人才的培养，但从这些年海底捞培养出来的管理层看，很难"青出于蓝而胜于蓝"。比如，张勇是杨小丽的师傅，杨小丽又是袁华强的师傅，袁华强是林忆的师傅。海底捞培养的徒弟中，鲜有人能超越师傅。

劳动力及原材料成本上升也将给海底捞的发展带来挑战，这也是整个餐饮业共同面临的问题。

如今餐饮行业在选择劳动力方面已经过了享受人口红利的时候。从 20 世纪 90 年代开始，中国人口增长速度缓慢，人口老龄化问题加剧。而当前国内劳动力供不应求已成常态，一方面适龄劳动人口持续下降，劳动力供给数量减少，但劳动力需求却在不断增长，市场监测求人倍率长期保持在1以上。再加上中等、高等教育扩张延缓，推迟了适龄劳动人口进入就业市场，青年劳动参与率有所降低。

就海底捞本身而言，对于劳动力的需求在不断增加，由于门店数量的扩张，劳动力成本也在不断上升。2016年和2017年，员工成本分别为20.4亿元及31.2亿元，到2018年，员工成本达到了50.2亿元，占了营收的近三成，和过去相比，劳动力成本占海底捞整体营收的比重呈上升趋势。如何通过优化薪酬体系和管理能力降低劳动力成本，将是接下来海底捞要面临的挑战。

此外，海底捞作为知名火锅品牌，在食品安全方面必然要接受更多人的关注和监督。尽管火锅在中餐里标准化程度相对比较高，但由于其食材种类繁多、配料复杂，随着海底捞的扩张，门店分布在五湖四海，需要根据当地消费者的口味喜好进行改良。为了保证菜品质量的稳定性，海底捞专门成立了供应链公司——颐和、蜀海。但餐饮企业的食材原料供应数据很难标准化，扩大生产规模必然会增加食品安全风险，2017年到2018年海底捞快速扩张的时候，就曾发生过食品安全事故。

2017年，新加坡一家海底捞餐厅因在可能受到污染的工作地点准备食物，而被罚款。2017年8月，《法制晚报》报道，海底捞在北京的两家餐厅中有老鼠，并且洗碗机黏着油性的食物残渣，且一名员工正在用汤勺修理下水道堵塞。2018年2月，海底捞位于新加坡的一家餐厅因为员工徒手处理食物以及销售不洁食物，被新加坡国家环境局停业两周。

尽管在食品安全事故发生后，海底捞真诚认错，及时采取了补救措施，但这对海底捞品牌和信誉度的影响是无法消除的。乘上发展快车道的海底捞，如何保证食品安全将事关整个企业的发展。

但危机往往蕴含着转机，只有在危机中才能保持清醒，不断寻求新的发展。

未雨绸缪，拥抱新技术

如果梳理张勇的经营理念，我们就会发现，海底捞其实很早就开始为其将来所要面临的挑战做准备了。

张勇曾经说："我相信新技术对传统产业带来的不应该是颠覆，移动互联网对于这个传统产业的改造应该是才开始。"他在 2020 年 4 月发布的内部信中特意强调技术，鼓励员工转岗技术岗。

如今，技术已经成为影响餐饮业发展的重要因素，近些年餐饮业开始积极拥抱新技术，格外重视技术应用和现代供应链。德克士、阿里、盒马鲜生、五芳斋、庆丰包子铺、百福等都开启了智慧餐厅的试验。随着新技术的发展，智能点餐、沉浸式环境，越来越多的技术被用在餐饮消费场景中。

2018 年在北京举办的中国餐饮产业创新峰会上，我国烹饪学会会长姜俊贤说："餐饮新模式格外显眼，餐饮企业开始利用大数据来分析和提升运营的效率和门店销售的转化率，借助于互联网思维和大数据的应用来推进餐饮产品和服务的升级，以至于提高消费者的黏性。

"可以肯定，未来餐饮市场的发展离不开科技创新，新餐饮零售将会成为电商巨头们重点争夺的领域，新技术将为整个餐饮业带来一次新的革命。"

美团高级副总裁张川认为，餐饮产业未来的发展，可以概括为线上线下一体化、供应链垂直整合以及餐饮零售化三大趋势。而新技术将成为影响餐饮业发展的重要因素。

2003年非典时期，海底捞就率先尝试线上外卖业务。如今，海底捞又增加了创新社区净菜、半成品配送和"家庭厨房"等新业务。受新冠疫情影响，海底捞推出了"海底捞开饭了"方便菜肴。将现做的半成品经过中央厨房工厂直发24小时内送到消费者手上，消费者只需要简单翻炒就能食用。另外疫情期间，海底捞携手蜀海供应链推出了全新的生鲜直配便民服务。依托门店网络和蜀海供应链的产品及配送能力，为顾客提供直送服务。

除了服务模式的创新，在科技领域，海底捞积极开发和运用新技术，为顾客带来不断优化的体验和服务。

2016年，海底捞开始将核心业务系统陆续上云；2018年，它和阿里云合作搭建数据中台、业务中台和移动中台的基础架构，并在此基础上升级海底捞超级App，重构会员体系。2020年，计划完成核心业务系统的全部上云，将自动配锅机和智能传菜机器人推向数百家门店。

2018年10月23日，海底捞智慧餐厅首个体验日在北京中骏世界城店开幕，除了之前流传出来的传菜机器人，智慧餐厅还深藏5大黑科技：机械臂上菜、千人千味配锅机、立体环绕投影营造不同就餐体验等。

其中有保证食品安全方面的智能菜品库和智能检测系统。智能菜品库，可以实现智能配菜，实时监控菜品的保质期，自动销毁过期的菜品，保证菜品新鲜度。

虽然海底捞的服务一直被人津津乐道，但随着90后、00后年轻群体逐渐成为消费主力，他们对餐饮业提出了更高的要求。他们不仅注重味道，更希望有个性化、差异化的就餐体验。海底捞智慧餐厅的等位区被设计成了剧院的效果，黑色加电光蓝的配色有一点儿像迪士尼乐园里的游乐项目创极速光轮。

用餐区比较有特色的是360度环绕大屏，有不同的主题场景，包括雪域高原、梵高星空和热带雨林等。

另外，海底捞智慧餐厅通过把机械的工作交给机器人，释放了服务员的时间和精力，他们可以更好地为顾客提供服务，有助于改变餐饮业人力成本结构。

　　人们对新鲜事物充满好奇心，这是引领他们进入智慧餐厅的原因。但智慧餐厅的本质绝对不是噱头，传统餐饮业与新技术的结合，除了迎合年轻消费者的审美喜好和个性化需求外，还有一个重要的原因——通过技术优化经营模式和链条，降低人力成本，提高标准化程度，保证食品安全。可以肯定的是，用技术撬动传统餐饮业，有助于解决海底捞将来在发展中面临的各种挑战。

启动接班人计划

2020年4月27日,在海底捞成立26年之际,张勇发布了一封内部信,其中涉及张勇的退休计划。

为争夺眼球,很多平台在发布消息时特意强调了"张勇退休",让不明真相的网友感到十分惊讶。彼时海底捞上市才两年,正发展得如火如荼,张勇为何要退休?

事实上,所谓的"退休",只是张勇的一个退休计划,信中说张勇将在10至15年内退休,因此要启动接班人计划。

这封信内容如下:

各位同事:

大家好!

我想跟所有人分享一个好消息、一个坏消息。

好消息是:我要退休了。退休以后,你们再也不用担心接到我暴跳如雷的电话了。

坏消息是:我的退休只是一个计划而已。完成这个计划至少需要十年时间,但最多不会超过十五年。

所有的人都有机会参与这个领导者接班计划,只有三个人是不可以的。他们分别是:比我老、比我胖的施永宏先生(一想到这点我就很开心)。除他以外,浓眉大眼、比我帅的苟轶群先生是没有机会的。当然,美丽而又能干的杨小丽也不能参与其中。

他们三个没有什么明显的缺点。唯一的原因就是：太贵了，对未来的董事会来讲，性价比确实不高。

想想他们刚认识我的年纪，1985 年，施永宏十五岁；1995 年，杨小丽十七岁；1999 年，苟轶群二十七岁。我们在一起度过的每一天都是忙碌而又充实的，我们在一起迎来的每一个明天都是奇妙的不可思议的美好。我们初次见面的场景还历历在目。

今天的我们，依然头脑清醒，充满活力。这个时候讨论退休似乎早了一点儿。但凡事预则立，早谋划终归会显得从容些。不管如何，十年以后我就满六十岁了。近两年，我们四个人都特别担心，担心我们学习能力跟不上。我们四个人还特别害怕，害怕我们沦为企业发展的绊脚石。因此，我们一起制定了这个计划。我们期望通过这个计划寻找到一位爱海底捞、业务熟练，又能洞察人性的领导者。

其实，经常都会有一些人问我重复的一个问题："你是如何让一个服务员都那么努力的？"我通常会这样回答："是吗？会不会你碰巧遇到的服务员刚好就是特别优秀的那一个呢？"这个标准的回答，充分体现了我太太舒萍，以及我去世多年的奶奶，对我的共同要求："做人一定要低调。"我至今都想不明白，舒萍嫁给我的时候我奶奶已经去世了，她们两个人从未见过面，但她们对我的严格要求却惊人地一致。

但是我今天要坦白的是：我非常享受别人问我类似这样的问题，我内心骄傲得不得了，就像喝了蜜一样。因为我再清楚不过，每一个努力工作的服务员背后，一定有一个努力的店长。努力工作的店长背后，一定有一个努力的家族长。努力工作的家族长背后，一定有一批优秀而又努力的教练。这些优秀而又努力工作的教练背后，一定有个行之有效的升迁体系。

各位同事，我们在去年十月份左右，对家族长以上干部的收入实行了"限高令"。这意味着这些优秀的干部无论多么努力，其收入都将被控制在一个固定的数目内。如果你想得到更高的收入，你只有两条路可以选择：第一，去干你以前并不熟悉、从来没有干过的工作，比如，财务、新技术、采购，等等；第二，你可以内部创业，只有这些新的工作才会给你带来额外的、不菲的收入。

同时，你每干一份新的工作，我们都会给你相应的积分。当我们需要晋升一名干部的时候，会把积分最高的那几个人找到，由上级领导择优录取。所以你没有积分，就不可能得到更高的收入，当然也就不会到提拔的机会。反之，当你拥有很多积分的时候，你不仅拥有更高的收入。同时也说明你对所有的业务都比别人更熟练，当然也就证明了你比其他人更聪明、更能干。

我在这里要特别提醒各位的是：我没有说谁的积分高，我就一定晋升谁。我说的是把积分最高的那一批人找出来，长时间的观察，择优录取。"择"的是你做人、做事的善良。我和施永宏、杨小丽、苟轶群，会用十年时间来观察和判断。但愿老天爷再一次眷顾我们，让我们能够挑到一位爱海底捞、业务熟练，又能洞察人性的领导者。

如果你是一个财务主管、新技术的工程师，或者一个分公司的普通员工，请你不要担心。这个计划涵盖了每一个人，只是细节有所不同而已。

假如十年以后，海底捞有幸依然存在；假如我们有机会到时挑到一位优秀的继任者，我一定会向我的太太申请一次高调的机会：我要在我们四个人的退休晚宴上，互相表扬，互相吹捧，坚决不说缺点。我不会把我的退休晚宴放在海底捞。我要吃川菜、要吃小炒。在吃的过程中，我要严肃地对服务员说："我怎么觉得菜品和服务没有前两次好了呢？"然后，我会闭着眼睛想象，第二天早会的时候，厨师长，大堂经理绝望的样子（当然，过两天我一定会登门道歉）。

接着：我会喝酒，喝醉的那种。一定要醉到一边哭、一边笑的那种。我要大声对我在天上的奶奶狂喊："阿婆，我也想低调。可实力确实不允许呀！"

晚宴结束的时候，我不会说"晚宴到此结束"，我一定会说"散会"。

这封信写得很真挚，张勇还在信中回忆了和施永宏、杨小丽、苟轶群的相识。他调侃施永宏比他胖、苟轶群浓眉大眼，说杨小丽美丽又能干，顺便展望了10年后他退休时的场景。

但这封信的重点是，海底捞将启动一项长达10至15年的领导人才选拔计划，这个计划是"对公司现有行之有效的升迁体系的延伸和升级"。

张勇说他会和施永宏、杨小丽、苟轶群，用10年时间来观察和判断，挑到一位热爱海底捞、业务熟练，又能洞察人性的领导者。

外界好奇张勇为什么会在此时宣布退休计划。如果结合2020年餐饮业的整体发展和年初海底捞的涨价风波，或许能得到一些启发。

2019年10月，海底捞对家族长以上干部的收入实行了"限高令"。这意味着这些优秀的干部无论多么努力，其收入都将被控制在一个固定的数目内。

另外受疫情影响，2020年，海底捞上市以来第一次出现亏损，这必然会影响到海底捞内部员工的信心和海底捞的人才招聘计划。

选择在此时宣布接班人计划，鼓励员工通过选择转岗或内部创业，去改变"限高令"的限制，有助于稳定军心。因为员工每干一份新工作，就会给相应的积分，而积分是选拔接班人很重要的因素。

除此之外，选拔机制面向公司所有员工开放，海底捞所有员工都有机会参与接班人的竞争，对大家来说，这次竞争和当初张勇提出的"双手改变命运"的价值观一样具有吸引力。

不过，信中除施永宏、杨小丽、苟轶群不参与接班人计划，原因是"他们三个没有什么明显的缺点，唯一的原因就是太贵了"。对海底捞员工来说，这不是一个坏消息。在海底捞管理层中，最有威望的 3 个人被排除在计划人之外，其他人会更有信心去参与接班人的竞争。

关于启动接班人计划，海底捞后来在回应中还提到了一点：重点是把海底捞的人才晋升机制进一步强化，通过在各岗位的管理实践和长期的观察与判断，找到符合"爱海底捞、业务熟练，又能洞察人性"标准的领导接班者，继续承载公司发展的使命。而选拔机制立足于原有的 PK 制、工分制、预算制，极其重视转岗、轮岗、内部创业在选拔考核中的作用。

谁将是下一个"张勇"

彼得·德鲁克基金会主席、著名领导力大师弗兰西斯女士说:"一个强有力的组织必须要靠使命驱动。企业的使命不仅回答企业是做什么,更重要的是为什么做,是企业终极意义的目标。"

崇高、明确、富有感召力的使命和愿景,不仅为企业指明了方向,而且使企业的每一位成员明确了工作的真正意义,激发出内心深处的动机。

在海底捞过去的发展中,"双手改变命运"的价值观发挥了很重要的作用。无论是对张勇,还是对海底捞的员工,都产生了深远的影响。

餐饮业属于完全竞争的行业,消费者体验至关重要。张勇清楚餐饮业最重要的顾客满意度是由员工来保证和实现的。所以,海底捞确立了"双手改变命运"的核心理念来凝聚员工,想借此向员工传递:只要我们遵循勤奋、敬业、诚信的信条,我们的双手是可以改变一些东西的。

海底捞创立至今,员工基本都是来自农村的打工者,他们身上普遍存在的特点是:背井离乡、文化程度低、肯吃苦。他们内心有想要改变命运的强烈愿望,希望凭借双手让家人过上好日子。他们能够忍受海底捞一天近 12 小时的工作时长和超强的工作量。

像城里人一样过上体面的生活是他们最大的愿望,但这样的愿望对他们来说却很遥远。没有学历、没有专业技能,即使想要努力融入城市,城市依旧不愿意对他们敞开怀抱。

　　此时，海底捞出现了，张勇带着他的亲情化管理和以人为本的企业文化出现了。他站在这些打工者的角度，给他们提供有电话和电视的居住环境、高于同行的薪资待遇、为员工的父母发补助，解决小孩上学的问题。

　　张勇说："一个人要体面地生活，收入是一个基本的前提，在这个基础上再关注他的精神层面。我们确实在这方面想了很多办法。比如在20世纪90年代，我们就给大堂经理这个级别的干部的父母发钱。这个事情看上去很简单，但这使他在当地村里面很威风，他会觉得到了海底捞以后，连家人每月都有200块钱的补贴。如果他还要辞职，那就可想而知了，连他父母都会帮我说话，让他留在这里好好干。"

　　这一切都对农村打工者具有极强的吸引力，他们认可海底捞的理念和企业文化，笃信"双手可以改变命运"，勤劳可以创造美好生活。

　　他们在海底捞是充满希望的，也乐意将这份希望传递给顾客，为顾客提供真诚的服务。海底捞很多服务上的创新都是员工提出来的，具有竞争力的薪酬待遇，激发出了他们的智慧。

　　海底捞的制度体系也是围绕"双手改变命运"的理念来设计的。张勇说："海底捞一般不从外部聘请管理人员，并不是说外面的管理人员不好，而是从外面聘人，把好的职位都留给外面的人，我们说的和做的就不一样了。我们告诉大家双手改变命运，实际上却把大家的路给堵死。所以，我们的职业发展路径一定是从基层一级一级往上走，不能坏了规矩。"

　　所以过去这些年，海底捞能够取得快速的发展，离不开极具忠诚度的海底捞员工。这也是让张勇引以为豪的地方，因为忠诚度就是员工用心服务顾客的基石，有忠诚度的员工发现顾客不满意的地方，会自主去弥补。

　　可以确定的是，海底捞"双手改变命运"的价值观对于"70后""80后"都极具吸引力。包括张勇在内的早期加入海底捞的很多人，随着海底捞上市的确实现了过上好日子的梦想。

但随着 90 后开始进入职场，海底捞"双手改变命运"的价值理念受到了一些挑战。

针对不同的人群，张勇对激励措施进行了调整，"我们不能拿对待'70 后'的员工的方式来对待'90 后'的员工。比如，对于我这个年代从农村出来的员工，给他父母发 200 块钱他就很感激了，觉得有面子。但是对于'90 后'，再给他发 200 块钱可能就不适合他了。他可能希望在宿舍里面安一台电脑，下班之后打打游戏，跟他外地的女朋友在网上聊聊天。"

虽然对激励制度做了调整，不可否认的是，海底捞"双手改变命运"的价值理念和基于此产生的一系列激励制度和评价体系，对"90 后"已经没那么强烈的吸引力了。

未来 5 年或 10 年后，"00 后"将进入职场，成为职场主力。他们多出生于"421 家庭"：四个老人，一对夫妇，只有一个孩子。他们的父辈们凭借努力迎来了美好的生活，即使是在农村，新世纪出生的"00 后"们，也拥有更好的生活条件和教育资源。在互联网时代，他们的视野逐渐被拓宽，拥有更多发展机会。

随着海底捞的发展，当"00 后"或更年轻的人群开始进入职场，成为企业发展的主力军后，海底捞如今的企业文化对他们是否拥有足够的吸引力？从小不愁吃穿的"00 后"们，还能像他们的父辈一样拥有改变命运的强烈愿望吗？彼时，伴随了海底捞 20 多年的价值观是否依旧适用？众所周知，海底捞的品牌基因更多来自张勇，所以海底捞身上有很鲜明的张勇特色。再过 10 年或 15 年，当张勇淡出管理层后，海底捞的接班人是成为下一个"张勇"，还是淡化张勇痕迹，开辟一条新的路径，谁又能担此大任呢？

名言录

1. 人是海底捞的生意基石。

2. 成功没什么秘密可言，就是要把我们千百年来提倡的诚实经营、优质服务落到实处。

3. 别人都以为现在海底捞很好，可我却常常感到危机四伏。以前店少，我自己能亲自管理。现在不行了，这么多店要靠层层干部去管，有些严重问题不能及时发现。所以，我总担心，搞不好我们十几年的心血就会毁于一旦。

4. 人心都是肉长的，你对人家好，人家也就对你好；只要想办法让员工把公司当成家，员工就会把心放在顾客身上。

5. 人不仅需要功名利禄，更需要尊敬，对员工的尊敬主要体现在对他们的信任。

6. 创新不是想创就能创出来的，考核创新本身就是假设员工没有创新的能力和欲望，这是不信任的表现。

7. 我们不是在执行公司命令去关心员工，而是真正意识到我们都是人，每个人都需要关心与被关心，而这个关心基于一种信念，那就是生而平等。

8. 客人是一桌一桌抓的，丢一个就是丢一桌。

9. 我们将成本花在很多看不见的地方，市场还没有要求我们的时候，我们就做了。

10. 我们不能总是站在自己的角度上考虑问题，我们一定要站在别人的角度考虑问题。比如，一个顾客到了海底捞要等座，座位也没有，一点儿小吃也没有，人家一定就不等了，而不等的结果是我们没有收入。

11. 钱这个东西，天上掉不下来，地下也长不出来，只能从顾客口袋中掏出来。

12. 所谓的特色就是你比别人多了一点点，而正是这"一点点"为海底捞赢来了口碑。服务是海底捞获得成功最大的法宝，服务也是其与同行进行竞争的最有力武器。

13. 如果客人觉得吃着开心，就会夸你的味道好；如果觉得你冷淡，就会说难吃。服务会影响顾客的味觉！什么是好的服务？就是让客人满意。什么是更好的服务？就是让顾客感动。

14. 我始终认为，只有当员工对企业产生认同感和归属感，才会真正快乐地工作，用心去做事，然后再透过他们去传递海底捞的价值理念。

15. 既然你花了那么多钱雇了人家，分了人家这个职务，你为什么要干人家的事情？犯错也该人家犯。

16. 我不需要打工仔，我需要的是企业家。所以我的授权很大，我会让他去做看起来他不会做成功的事情，只有这样他才能改变，因为他没有专业知识，没有资金，没有人脉，只有一双手，他的命运只能靠自己来改变。

17. 只要个人肯努力，学历、背景，这些都不是问题，他们身边榜样的今天，就是他们的未来。

18. 我们的员工都是天才！创新在海底捞不是刻意推行的，我们只是努力创造了让员工愿意工作的环境，结果创新就不断涌现出来了。

19. 如果等结果出来才知道哪个店不好，然后找原因，我不如在过程中发现问题，就可以避免不好结果的发生。

20. 什么教育给你什么思维，如果你接受的教育是传统的那种，你对打工者的看法就是传统的，这个跟管理没有关系。

21. 做生意一定要赚钱，只是不能太短视，不能只看这一单赚了多少钱。

22. 如果一个领导者很公正，有责任心、善心和爱心，那一定能带好队伍。你说我理想主义，是因为我没有办法，我必须通过这种理想、责任感，尽量遏制他们的私心。

23. 我们的优点是愿意挨骂，缺点是不会辩解。

24. 用人不疑，疑人不用，我充分信任他们。他们谈不下来的合同，我也谈不下来。

25. 考核利润没用，利润只是做事的结果，事做不好，利润不可能高；事做好了，利润不可能低。

26. 好的服务不是仅仅依赖随意发挥的亲情和热情，必定有好的制度和机制保障。

27. 对于企业来说，最重要的是培养人的制度。一套制度好不好，关键是看你扼杀了创造性，还是激励了创造性。

大事记

1971 年	张勇出生于四川省简阳市。
1988 年 7 月	张勇技校毕业，进入四川拖拉机厂。
1994 年 3 月 25 日	张勇与施永宏、舒萍、李海燕成立海底捞。
1999 年 4 月	西安首家海底捞店营业，地址位于西安市雁塔区大雁塔北广场。
2003 年 5 月	《焦点访谈》节目将海底捞公司的火锅外卖作为在"非典"时期的重大创新进行了专题报道。
2004 年 3 月	海底捞西安分店被陕西省消费者协会评选为"诚信单位"。
2004 年 7 月	北京首家海底捞店（大慧寺店）营业，地址位于北京市海淀区大慧寺路 2 号。
2004 年 8 月	张勇董事长进行为期半个月的欧洲 8 国考察学习。
2005 年 3 月	西安分公司被陕西省消费者协会评选为"诚信单位"。

2006 年 10 月	四川省简阳市海底捞餐饮有限责任公司成为四川烹饪协会理事会成员单位。
2007 年 2 月	四川省简阳市海底捞餐饮有限责任公司郑州第四分公司成立（西大街店）。
2007 年 2 月	公司支持"陕西省慈善协会"对贫困山区失学儿童的救助工作，参与并投资了 5 万元进行义卖。
2007 年 4 月 18 日	公司总经理张勇应邀与百胜集团总裁进行交流学习；4 月 23 日，公司各片区经理、技术部部长前往香港进行为期 4 天的商务考察。
2008 年 1 月 16 日	公司喜获"大众点评网"2007 至 2008 年度"最受欢迎 10 佳火锅店"和"2007 年最受欢迎 20 佳餐馆"称号；9 月，公司喜获由《当代经理人》杂志主办的"中国餐饮连锁业成长十强"第一名。
2010 年 1 月 22 日	张勇董事长参加长江年度论坛暨长江年度人物颁奖礼，并荣获"2010 年度长江年度人物"称号。
2010 年 6 月	"Hi 捞送"成立，开始"火锅外卖"的业务。
2011 年 2 月 13 日	董事长张勇参与录制 CCTV-2《对话》节目。
2011 年 5 月 6 日	张勇董事长荣获由中国烹饪协会颁发的"2010 年度中国餐饮业十大人物"。

2012 年 6 月 8 日	海底捞党支部成立，标志着公司向更加正规化的道路发展；9 月 4 日，组建海底捞集团，制定符合海底捞未来发展趋势的统一规划。
2012 年 10 月 22 日	"Hi 捞送"实现 24 小时营业。实现外卖全天服务；11 月 5 日，"留守儿童关爱行动"启动；解决员工的后顾之忧，保证了员工满意率。
2012 年 12 月 13 日	新加坡店开业，海底捞海外第一家分店正式开业，进一步推广了海底捞的品牌形象。
2018 年 5 月 17 日	海底捞国际控股在港交所递交上市申请。
2018 年 9 月 26 日	海底捞（新上市编号：06862）正式登陆香港资本市场。

参考文献

1.《海底捞你学不会》，黄铁鹰著，中信出版社，2011 年 3 月。

2.《海底捞你学得会》，杨铁锋著，人民邮电出版社，2011 年 8 月。

3.《海底捞："地球人拒绝不了"的服务》，楚材著，文汇出版社，2014 年 11 月。

4.《海底捞店长日记》，李顺军、杨铁锋著，化学工业出版社，2012 年 9 月。

5.《海底捞店长日记 2》，李顺军著，化学工业出版社，2013 年 10 月。

6.《海底捞店长日记（十年回望版）》，李顺军著，中国出版集团东方出版中心，2020 年 10 月。

7.《海底捞的经营哲学》，蔡艳鹏著，北方文艺出版社，2017 年 10 月。

8.《海底捞的秘密》，易钟著，广东经济出版社，2011 年 9 月。